Walter Baumann
Auf den Spuren Gottfried Kellers

Gottfried Keller. Holzschnitt von Ernst Würtenberger, 1920.

Walter Baumann

Auf den Spuren Gottfried Kellers

*«Als ob ich
ein grosser Mann
wäre…»*

Verlag Neue Zürcher Zeitung

Dritte Auflage

Copyright © 1984 Verlag Neue Zürcher Zeitung
Alle Rechte vorbehalten
Grafische Gestaltung Kurt Hauri
Druck: Grafische Betriebe NZZ Fretz AG, Zürich
Printed in Switzerland
ISBN 3 85823 141 X

Inhalt

Zum Geleit	7
Lob des Herkommens	9
Der ist nicht zu brauchen!	21
Kummerjahre in München	31
Zwischen Pinsel und Poesie	40
Heidelberg, du feine...	46
Berliner Episoden	53
Der Herr Staatsschreiber	69
Der kleine Gottfried und die holde Weiblichkeit	86
Gottfried Kellers Tafelrunde	101
Hinauf aufs Bürgli und hinunter ins Thalegg	113
Von Feuerbach zur Feuerbestattung	121
Auf dem Abendfeld	128
Wichtigste Quellen	137
Register	139

Zum Geleit

Walter Baumann, gründlicher Kenner der zürcherischen Stadt- und Baugeschichte und der zürcherischen Gegenwart, hat für einmal die Stadt seiner Väter nicht von ihren Strassen, Plätzen und Brücken her angegangen, sondern von einem seiner berühmtesten Einwohner, und gern gesteht er es einem unter vier Augen: die Begegnung mit ihm und seinen Werken bedeutet für ihn das schönste literarische und menschliche Erlebnis. Gottfried Keller, der Mensch, hat es ihm angetan, und dieses Angetansein hat unversehens aus dem Dilettanten (was er natürlich im besten Sinne des Wortes bleibt) einen subtilen Kenner gemacht. Mit der ihm sozusagen angeborenen Findigkeit ist er den Spuren des Dichters in Zürich und überall, wohin er einst seinen Fuss gesetzt hat, nachgegangen. Er hat dazu die Gewährsmänner, die Biographen, herangezogen, hat deren Texte mit den örtlichen Gegebenheiten verglichen, in Zürich und seiner damaligen Umgebung, in München, in Heidelberg und in Berlin, ausgestattet mit einem gesunden Misstrauen all dem gegenüber, was die Gelehrten voneinander abschrieben und was die mündliche Tradition für unumstössliche Wahrheit hält. Und er ist den Menschen nachgegangen, die ihm, dem schwierigen, schweigsamen, gelegentlich explodierenden Menschenbeobachter, nahetraten, die ihm besonders einleuchteten oder gar seine Seele erschütterten. Dabei hat er es auch nicht bei den Funden der Biographen bewenden lassen, sondern hat die Quellen, aus denen jene schöpften, in einzelnen Fällen genau unter die Lupe genommen und ist dabei zu neuen überzeugenden Einsichten gekommen. So scheint eine der tiefsten und sicher die tragischste menschliche Beziehung des alternden Dichters, die Begegnung und die Verlobung mit Luise Scheidegger, hier in ganz neuem Lichte auf. Selbst die buntfarbigen Legenden um den Staatsschreiber und sesshaften Trinker werden hier in ein besseres Licht gerückt, wenn der Ruhm gewisser Lokalitäten und Stammtischtraditionen mit überzeugenden Gründen in Frage gestellt wird.

All dies wird mit Walter Baumanns Liebe zum sinnfälligen Detail dargestellt, wird in einer einfallsreichen Sprache ins anschauliche und doch einfach bleibende Wort umgesetzt. Das macht diese Texte zu einem echten Lesevergnügen. Es darf auch gesagt werden, dass sich keine Stelle findet, wo dem Dichter und dem Menschen Gottfried Keller Gewalt angetan und sein Grundwesen verzeichnet würde. Im Gegenteil: manche anekdotische Überlieferungen werden erst hier an die rechte Stelle gerückt. Kurz: ein Zürcher mit verwandten Zügen und eigenem Temperament hat hier vom grossen Zürcher Poeten ein neues ansprechendes Porträt gezeichnet.

Karl Fehr

Lob des Herkommens

Nach zwei schlaflosen Nächten fasste sich der Zürcher Drechslermeister Rudolf Keller im Haus zum goldenen Winkel ein Herz, und er griff zur Gansfeder: «Hochgeachteter Junker Oberamtsschreiber!» Der delikate Brief, datiert vom 21. Juli 1819, war für Herrn Gottfried von Meiss an den Unteren Zäunen bestimmt, dem Keller zwar schon gelegentlich begegnet, aber immer mit einer stillen Scheu ausgewichen war. Was ihn nun zu dieser Bittschrift ermutigte, war ein Ereignis, auf das er schon lange mit Ungeduld gewartet hatte:

«Letzten Montag abend erfreute mich meine liebe Gattin Elisabeth ausserordentlich mit einem gesunden Knaben. Gern möchte ich ihr nun auch eine ungewöhnliche Freude machen. Schon seit Montag denke ich immer, mit was ich dann auch ihr eine solche Freude machen könnte; allein mit dem, was ich mein heisse, kann ich das nicht erzwecken. Auch durch blosse Gefälligkeit kann ich nichts finden, indem wir gewohnt sind, in gewöhnlichen Fällen das mögliche einander zu leisten. Nun erinnere ich mich, dass meine Frau einmal auf meine Frage, warum sie mich nie bei meinem Taufname nenne, antwortete: Rudolf sei nicht schön. Wann ich Gottfried heissen würde, wollte sie mich immer nach dem Namen nennen. Dass nun der Name Gottfried angenehmer lautet, finde ich selbst. Allein auch aus anderen achtenswerten Gründen weiss ich, dass ihr dieser Name besser gefällt. Wann ich den Knaben so taufen lasse, bin ich überzeugt, dass das ihr schon nicht geringe Freude macht. Aber unendlich mehr würde die Freude erhöht, wann das Knäblein diesen Namen durch den Umstand erhielte, dass Sie, hochgeehrter Junker Oberamtsschreiber, Patenstelle bei ihm vertreten würden.

Darf ich Sie, hochgeachtetster Junker Oberamtsschreiber, desnahen bitten, zu den früheren vielen edlen Freundschaftsbeweisen gegen meine Gattin noch diesen zuzusetzen, dass Sie gütigst Patenstelle übernehmen wollten. Sie würden damit mich nicht allein nur in den Stand setzen, die gewünschte Freude meiner lieben Gattin zu verschaffen: auch ich selbst würde mir Glück wünschen, so einen edlen Paten meinem Kind gefunden zu haben.

Meiner lieben Gattin sage ich von meiner kühnen Bitte nichts, bis ich weiss, ob Sie mir gütigst entsprechen. Sie würde eigentliche Angst ausstehen, bis sie den Entscheid wissen würde.

Ich bin, hochgeachteter Junker, Ihr ganz ergebener
Rudolf Keller.»

Mit der Erwähnung früherer edler Freundschaftsbeweise gegen die junge Elisabeth und ihrer Vorliebe für den Namen Gottfried hatte der Drechsler einen Punkt berührt, der ihm selber schon lange zu schaffen machte. Im Poesiealbum seiner Frau hatte er eine Widmung Gottfried von Meiss' entdeckt:

«Alte Liebe rostet nicht! Zu einer kleinen Erinnerung an die Tage trauter Freundschaft. Elisentag 1812.»

In der Tat hatte der Zürcher Junker vor Jahren eine zarte Neigung zur Glattfelder Arzttochter Elisabeth Scheuchzer gefasst, doch auch dem Landvogt Salomon Landolt, damals auf Schloss Teufen, hatte das ranke Frauenzimmer nicht übel in die Augen gestochen.

Allein Elisabeth war nun Frau Drechslermeisterin Keller und der Junker ein Mann von Herz und Humor. Mit einem schönen Geschenk sagte von Meiss schon am folgenden Tag zu, eine Woche drauf wurde in der Kirche zu Predigern Taufe gehalten. Patin war die Jungfer Kleophea, Tochter des alt Freihauptmanns Hans Jakob Ammann, Goldarbeiters im «Palmbaum» am Rindermarkt. Der Drechslermeister hatte zuerst nicht gewagt, seiner Frau vom Brief an den Junker zu erzählen. Nun, da die Zusage vorlag, zeigte er ihr den Entwurf. Sie schaute ihn gross an und reichte ihm mit noch schwachem Lächeln die Hand: «Das hast Du schön gemacht – Ruedi!»

Dass sie weder dem Junker noch dem alternden Landvogt, sondern dem um fast fünf Jahre jüngeren Glattfelder Drechsler das Jawort gegeben hatte, verrät etwas von der eindrücklichen Erscheinung und hinreissenden Art des eben aus der Fremde Heimgekehrten. In der Erinnerung des Sohnes war er «ein schöner, schlanker Mann, der einen feinen grünen Frack trug nach dem neuesten Schnitte, enganliegende weisse Beinkleider und glänzende Suworowstiefel mit gelben Stulpen. – Es gab etwas Schwungvolles in seinem ganzen Wesen, seine Augen glühten wie von einem anhaltenden Glanze innerer Wärme und Begeisterung, er sprach immer hochdeutsch und suchte das Unbedeutendste von seiner schönsten und besten Seite zu fassen.»

Alle Biographien Gottfried Kellers berichten, dass Rudolf nach dem frühen Tod seines Vaters – er war Küfer gewesen – die Drechslerei erlernt hatte und 1812 auf die Wanderschaft ging. Gegen vier Jahre habe er bei einem Johann Düno in Wien gearbeitet. Mehr nicht. Vier Jahre in einer Weltstadt, wie sie Wien damals war? Das muss für einen gut Zwanzigjährigen ein eindrucksvoller Lebensabschnitt gewesen sein. Schon die Eigenheit Rudolfs, fortan nur noch hochdeutsch zu sprechen, lässt aufhorchen. Kommt dazu, dass der Zurückgekehrte offenbar nicht ein üblicher Drechsler für alltägliche Hausgeräte blieb. In seinem Nachlass fanden sich kunstvolle Spazierstöcke, gedrechselte Tabakpfeifen, ein Schachspiel, ein zierliches Nadelbüchschen und die als Aufsätze für die Stockuhr der Familie gedrechselten Büsten Goethes, Schillers und des Landvogts Salomon Landolt.

Sein Wiener Meister Johann Düno galt als der beste und erfindungsreichste Drechsler weit und breit. 1791 nannte sich der 27jährige bereits «Galanterie Drexler Fabrikant in Mariahilf». Um die Jahrhundertwende begann er mit selber erfundenen Werkzeugen erstmals Knöpfe aus Horn und bald auch die ersten Perlmutterknöpfe herzustellen. 1811 zog Düno mit seiner Werkstatt an die Theatergasse und pinselte auf das goldumrandete Ladenschild: «K. k. priv. Drechslerey-Waaren-

Elisabeth Keller, geb. Scheuchzer (1787–1864), die Mutter des Dichters, die ihren Mann um vierzig Jahre überlebte. Anonymes Ölbild um 1816.

Fabrik von Elfen- und ordinärem Bein, Schildkrot, Composition, feinen und gemeinen Hölzern». Dass hinter dieser schönen Fassade auch einiges an Können und Leistung steckte, bezeugt eine Fachschrift zur Wiener Weltausstellung 1873: «In Wien hat sich namentlich 1790 bis 1815 der Drechslermeister Düno um die Verbesserung im Drechslergewerbe vielfache und nachhaltige Verdienste erworben. Aus seinen Werkstätten sind jene Kräfte hervorgegangen, welche den Grund gelegt haben zur heutigen Bedeutung dieses Gewerbes.» Bei diesem Düno, der aus Brandenburg gekommen war, lernte Keller das Modernste und Geschmackvollste seines Metiers, er eignete sich feinere Lebensart an und begann sich honett zu kleiden, vom grünen Frack bis zu den Suworowstiefeln: Eleganz des Wiener Kongresses, wo sich Gigerl und Generäle beim Walzertanzen den Rang abliefen.

Johann Rudolf Keller (1791–1824), der frühverstorbene Vater des Dichters. Anonymes Ölbild um 1816.

Jakob Baechtold, des Dichters erster Biograph, bezeichnete dessen Vater als einen ungewöhnlich geschickten Mann, dem sein Gewerbe viele nützliche Neuerungen dankte. Diese muss er von Wien gebracht haben. 1823 wurde Rudolf Keller, «bei allen Anstössen mit den zurückgebliebenen Berufsgenossen», zum Obmann der Drechsler gewählt. Doch nicht genug: Bei Düno hatte er in unmittelbarer Nähe zu Schikaneders Theater an der Wien gearbeitet und gewohnt. Er brauchte nur wenige Schritte über die Gasse zu tun, um die ersten Bühnenkräfte in schwungvollen Aufführungen zu erleben. Das 1801 von Emanuel Schikaneder eröffnete Vorstadttheater war bis zum Bau der Hofoper das modernste, schönste und grösste Theater Wiens mit den prachtvollsten Inszenierungen. Hier sah Rudolf Keller die «Zauberflöte», begeisterte sich für Schillers Dramen und fasste jene Liebe zum Theaterspielen, die dann beim

Sohne in wahre Leidenschaft umschlug. Für die Bühne zu schreiben war Gottfried Kellers höchstes Lebensziel. Schon als Dreizehnjähriger hatte er kleine Puppenspiele für die Kinder der Nachbarschaft verfasst. Im Oktober 1832 wirkte er bei einer Aufführung der Linggschen Theatertruppe im Militärschopf an der Bärengasse mit: In der «Zauberflöte» sollte er eine Meerkatze darstellen, tat es aber so ungelenk, dass ihm eine Weile der Spitzname «de stiif Züriaff» blieb. An seiner nie fertig gewordenen Tragödie «Therese» arbeitete er schon in Heidelberg und in Berlin. Als er 1874 auf eine Einladung der Familien Exner nach Wien reiste, meldete er in einem vorausgehenden Brief: «Ich habe die Idee, dass ich dort plötzlich eine Komödie schreiben würde, hier komm' ich doch nicht dazu.» Und als Prof. Exner im Sommer 1883 zum Jubiläum der Universität und zur Landesausstellung nach Zürich kam, fabulierte Keller von neuen Lustspielplänen, die kurz vor der Vollendung stünden.

Der junge Rudolf Keller muss nach zehnjähriger Walz wie ein Wirbelwind nach Glattfelden gekommen sein und gleich um die Tochter des Arztes geworben haben. Ihr Vater, der noch als Feldscher im Heere Friedrichs des Grossen gedient hatte und jetzt neben seiner ärztlichen Praxis als gefürchteter Verhörrichter im Bülacher Bezirksgericht sass, erhoffte sich für seine hübsche Tochter wohl eine gehobenere Partie. Doch im März 1817 starb er unerwartet, und einer Hochzeit stand nichts mehr im Wege. Im Mai wurde im Glattfelder Kirchlein geheiratet. Vom Traualtar ging's direkt in den Zürcher Hausstand. Im «Goldenen Winkel» am Neumarkt hatte Rudolf eine Wohnung gefunden, und im Haus zur Sichel am benachbarten Rindermarkt war eben die Drechslerei des Hans Brändli zur Miete ausgeschrieben. Alles hatte sich zum besten gefügt.

Am Rindermarkt

Gottfried Kellers kleines Geburtshaus zum goldenen Winkel am Neumarkt – zum 75. Todestag des Dichters kaufte es die Stadt Zürich – wurde der Familie des Drechslermeisters Rudolf Keller bald zu eng. Ein Jahr vor Gottfrieds Geburt war

Gottfried Kellers Geburtshaus «Zum goldenen Winkel» am Neumarkt. Federzeichnung von Burkhard Mangold, 1906.

dem jungen Eheglück das Töchterchen Regina beschert worden, ein Jahr nach Gottfried erblickte Anna Katharina das Licht dieser geordneten, kleinbürgerlichen Welt. Nun hatte die Mutter alle Tage alle Hände voll zu tun, in des Vaters Werkstatt surrte die Drehbank schon in aller Herrgottsfrühe, und die Späne kringelten sich, dass es eine Freude war. In dieser Zeit des inneren und äusseren Gedeihens mietete er sich für seine fünfköpfige Familie im kaum hundert Schritt entfernten «Greifen» am Rindermarkt ein, zu Ostern 1821 erwarb er das etwas weiter in der Gasse liegende Haus zur Sichel, wo er Wohnung und Werkstatt unter einem Dach vereinigte.

Der «Goldene Winkel» und die «Sichel» stehen noch heute. Der Gassenzug mit den schmalen, turmhohen Zeilenhäusern und den 1983 wieder installierten Gaslaternen hat seinen altertümlichen, kleinstädtischen Charakter bewahrt. Nur der Wolfbach, einst Grenze zwischen dem Rinder- und dem Neumarkt, wurde längst so eingedeckt, dass heute nichts mehr an ihn erinnert.

Man kann sich die helle Freude vorstellen, mit der Rudolf Keller im geräumigen Haus zur Sichel seine Wohnung bezog. Die ersten bleibenden Erinnerungen Gottfrieds stammten aus dieser Zeit. Mit dem aufgeschlagenen dritten Kapitel des «Grünen Heinrich» lässt sich die Identität der inzwischen renovierten «Sichel» noch heute feststellen: «Es war ein altes, hohes Gebäude mit vielen Räumen und von unten bis oben gefüllt wie ein Bienenkorb. Der Vater hatte es gekauft in der Absicht, ein neues an dessen Stelle zu setzen; da es aber von altertümlicher Bauart war und an Türen und Fenstern wertvolle Überbleibsel künstlicher Arbeit trug, so konnte er sich nicht entschliessen, es niederzureissen.» Das bäuerliche Hauszeichen der «Sichel», sonst frohes Emblem ländlicher Erntefeste, sollte bald eine ernstere Bedeutung bekommen. Wohl wurde im Frühling 1822 Regula geboren, des Dichters spätere Lebensgefährtin, doch keine drei Wochen darauf starben Regina und Anna Katharina innert sieben Tagen. Und auch der schmächtige Gottfried machte den Eltern Sorgen; mit den immer noch zu schwachen Beinchen wollte es nicht vorwärtsgehen. Auch sonst schien über dem Bürschchen kein guter Stern zu stehen. Ins Totenbuch von Glattfelden wurde statt Anna Katharina zuerst sein Name geschrieben, und das Versehen wiederholte sich, als ein im folgenden Jahr geborenes Schwesterchen Anna Elisabeth schon nach wenigen Monaten von dieser Welt wieder Abschied nehmen musste.

Und drei Wochen darauf, am 12. August 1824, starb unerwartet der lebenslustige dreiunddreissigjährige Meister und Drechslerobmann Rudolf Keller von Glattfelden. Die Witwe stand wieder vor einer Geburt; es wurde ein Knabe, der aber nur ein Jahr lebte. Zwei kleine Kinder, Gottfried und Regula, und das noch mit Gültbriefen belastete Haus waren der nicht mehr jungen Frau als Erinnerung an sieben glückliche Ehejahre geblieben.

Doch der Verstorbene hatte an die Tücken und Prüfungen dieses Lebens gedacht, ohne freilich etwas von seiner eigenen Hinfälligkeit zu ahnen. Seit einiger Zeit schon gehörte er zur Vorsteherschaft der Armenschule des Hülfsvereins im Brunnenturm, in der er für eine harmonische Ausbildung auch der Schwächsten eingetreten war: «Der wahrhaft gebildete Mensch wird immer der sein, in welchem alle Anlagen und Fähigkeiten möglichst gleichmässig geweckt und geleitet worden sind. Und darauf hat auch der Geringste ein Anrecht.» Sein Blick ging weit über den gewöhnlichen Gesichtskreis damaliger Handwerker hinaus. Ein Jahr vor seinem Tod trat er feingewandet an einem Sonntagabend im «Sihlhölzli» mit zwei gleichgesinnten, zwanzig Jahre älteren Freunden zusammen zur Stiftung einer geheimen, wohltätigen Bruderschaft. Der eine war der Armenschullehrer Hans Kaspar Meisterhans an der Kleinen Brunngasse, der andere der Seidenweber und Nudelmacher Kaspar Unholz von der St.-Anna-Gasse. Die Satzungen bestimmten als Zweck der Vereinigung «gegenseitige Unterstützung auf Leben und Tod».

«Die geheime Bruderschaft ist die Zuflucht der Witwen und Waisen. Beim Absterben eines Gatten oder Vaters verpflichtet sich dieselbe, die Besorgungen der Hinterlassenen zu übernehmen und diesen mit Rat und Tat, soviel in ihren Kräften liegt, beizustehen. Die Brüder reden einander mit dem lieblichen Titel „Du" an und leisten sich gegenseitig Patenschaft.» Bei dieser geheimen Bruderschaft spielte wohl freimaurerisches Gedankengut mit, wie es Rudolf in Wien aus der «Zauberflöte» kennengelernt hatte.

Gottfried Kellers Götti, der hochgeachtete Junker von Meiss im Chamhaus, hatte nicht mehr viel von sich hören lassen. Er schickte bis zur Konfirmation die üblichen Neujahrsgeschenke, in Zürich «Gutjahr» geheissen, und half, wenn die Not übergross wurde, mit einem funkelnden Dukaten aus. Sich der Bedrängnis des Heranwachsenden anzunehmen, wie es Herr Jacques in den «Zürcher Novellen» von seinem Paten erfuhr und von dem der Dichter andeutete, er sei «einst ein Bewerber um die Hand seiner Mutter gewesen», dazu fand der in Amts- und Richtergeschäfte Versunkene offenbar keine Zeit mehr. Dafür trat nun der tief erschütterte Armenlehrer Meisterhans in die Lücke. Er hoffte, der Familie die Drechslerei erhalten zu können, um so mehr als die Witwe einwilligte, im Frühling 1826 den ältesten Gesellen, Hans Heinrich Wild aus Oberstrass, zu heiraten. Eine solche Vernunftehe war in dieser Situation nichts Aussergewöhnliches. Schon dreihundert Jahre vorher war der Druckergeselle Christoffel Froschauer auf die selbe Weise zu einer eigenen Offizin gekommen. Doch die Ehe Wild-Keller erwies sich bald als Mesalliance, die vom Gericht aber erst 1834, nach vierjährigen Kämpfen, geschieden wurde.

Der trotzige Gottfried hatte seinen Stiefvater nie akzeptiert. Zu deutlich und zu überragend stand das Bild seines Vaters vor ihm. Auf keiner Seite seines mit wirklich erlebten Gestalten durchwirkten dichterischen Werkes taucht eine Erinnerung an Wild auf. Nur in der Novelle «Frau Regel Amrain und ihr Jüngster» scheint etwas vom Durchlittenen mitzuspielen. Vater Amrain, der bezeichnenderweise einst Knopfmacher gewesen war, begann sich geschäftlich und politisch zu verspekulieren und verschwand ins Ausland. Frau Regula, die sein Geschäft übernahm, hatte es schwer, «und sie musste Tag und Nacht mit Mut, List und Kraft bei der Hand sein, sinnen und sorgen, um sich mit ihren Kindern zu behaupten». Als nun der Werkmeister Florian eines Abends um ihre Hand anhielt, sprang ihr Söhnchen Fritz mit gespieltem Schreck aus der Nebenkammer in die Stube: «Mutter, es ist ein Dieb da!» Damit waren die zartgesponnenen Fäden jäh zerrissen. «Am nächsten Morgen schien Fritz den Vorfall schon vergessen zu haben, und so alt auch die Mutter und der Sohn wurden, so ward doch nie mehr mit einer Silbe desselben erwähnt zwischen ihnen.»

Eine einzige deutliche Erinnerung an seinen Stiefvater findet sich im Tagebuch des Vierundzwanzigjährigen. Mit Hilfe von Meisterhans war Gottfried in die Armenschule im Brunnenturm gekommen, als Bürger von Glattfelden besuchte er anschliessend das Landknabeninstitut an der Stüssihofstatt, gleich um die Ecke. «Wenn wir zwischen den Lehrstunden im Hof herumsprangen, dann zeigte ich den andern Buben das Vaterhaus und sagte: „Dort wohne ich, in dem schwarzen Haus mit den roten Balken!" Dann sagten die Knaben wohl: „Ist das dein Vater, der dort herausschaut?", und ich antwortete: „Nein, mein Vater ist gestorben. Der herausguckt, ist ein fremder Mann, der bei uns wohnt, und meine Mutter ist in der Küche."»

Seinen Ruf als auch äusserlich grüner Junge verdankte der Knabe dem Umstand, dass die sparsame und in Kleiderfragen besonders strenge Mutter ihm bis ins zwölfte Jahr aus den eleganten grünen Wämsen und Fräcken des Vaters Sonntagsund Werktagskleider anfertigen liess. Im Haus der rastlosen Mutter ging es zu wie in einem Taubenschlag. Da wohnten der Feilträger Hotz und dessen dicke Frau, die nachts Gespenster ums Haus fliegen sah, der hilfsbereite Kupferdrucker Münch, der später in Amerika Dollarnoten herstellte, der immer durstige Küfer Marti, dessen Frau und Töchter Wiedertäufer waren, der kleine Flickschuster Wepfer, der fröhliche Sargschreiner Schaufelberger und eine von einem verkommenen Hafner geschiedene Frau Keller mit Sohn und Töchtern, von denen zwei sich die Phantasie mit schlechten Leihbibliotheks-Romanen und das Leben mit immer wechselnden Liebhabern verdarben. Die dritte, die früh verstorbene Henriette, war Gottfrieds Gespielin und seiner Jugend «schönstes Hoffen».

Im «Grünen Heinrich» erzählte Gottfried, wie seine Mutter ihr Schicksal als Witwe in die Finger nahm: «Das erste, was sie begann, war eine gänzliche Einschränkung und Abschaffung alles Überflüssigen, wozu voraus jede Art von dienstbaren Händen gehörte. Wir bewohnten den obersten Stock, der die Nachbarhäuser überragte. Die Fenster unserer Wohnstube gingen auf eine Menge kleiner Höfe hinaus, wie sie oft von einem Häuserviertel umschlossen werden und ein verborgenes Gesumme enthalten, welches man auf der Strasse nicht ahnt.»

Stundenlang betrachtete er das häusliche Leben der kleinen Höfe von der mütterlichen Wohnung aus. Den Kranz der Schneeberge, der den Horizont abschloss, hielt er für eins mit den Wolken, und da ihm diese als Inbegriff des Wunderbaren und Mächtigsten erschienen, so nannte er auch die erste weibliche Gestalt, die ihm wohlgefiel, die weisse Wolke. Früh setzte das kindliche Grübeln über Gott ein: «Mit mehr Richtigkeit nannte ich ein langes Kirchendach, das mächtig über alle Giebel hervorragte, den Berg.» Es war die Predigerkirche, in der er getauft wurde. «Auf diesem Dache stand ein schlankes, nadelspitzes Türmchen, in welchem eine kleine Glocke hing und auf dessen Spitze sich ein Hahn drehte.» Damals war der schlanke Dachreiter gleichzeitig Glockentürmchen, denn als Bettelmönche hatten die einstigen Erbauer ihren Ordensvorschriften gemäss auf einen Kirchturm verzichten müssen. Der heutige Predigerturm, der höchste in der Altstadt, wurde erst 1898/1900 erbaut. «Wenn in der Dämmerung das Glöckchen läutete, so sprach meine Mutter von Gott und lehrte mich beten; ich fragte: „Was ist Gott? Ist es ein Mann?", und sie antwortete: „Nein, Gott ist ein Geist!" Das Kirchendach versank nach und nach in graue Schatten, das Licht klomm an dem Türmchen hinauf, bis es zuletzt nur noch auf dem goldenen Wetterhahn funkelte, und eines Abends war ich plötzlich des bestimmten Glaubens, dass dieser Hahn Gott sei.»

So baute sich der kleine vaterlose Gottfried am Rindermarkt sein eigenes Kinderparadies, eine bunte phantastische Welt von Wirklichem und Unwirklichem, in der nur er sich einigermassen zurechtfand.

Der ist nicht zu brauchen!

Seit Ostern 1833 besuchte Gottfried die eben eröffnete kantonale Industrieschule. Sie war im durch die Eröffnung der Universität freigewordenen Chorherrengebäude des Grossmünsters untergebracht und für Knaben bestimmt, die einen technischen Beruf, vor allem im Gewerbe oder als Handwerker, ergreifen wollten. Die Schule verfügte wie andere Lehranstalten über ein eigenes Kadettenkorps, Gottfried Keller fiel das Amt des Tambours zu. Noch ein gutes halbes Jahrhundert später, bei einer fasnächtlichen Schlittenpartie nach Bassersdorf, gab der Dichter ein Müsterchen seiner einstigen Virtuosität. Er sang das Lied vom roten Schweizer, ein altes Landsknechtlied von unendlichen Strophen, dazu «schlug er immer dröhnende Wirbel, bis er die Trommel plötzlich ärgerlich zu Boden warf». Ob sie ihn an seine verpatzte Schulzeit erinnerte? Nach kaum mehr als Jahresfrist wurde der arme Gottfried Keller von Glattfelden nämlich aus der Kantonsschule entfernt.

Vermutlich begann das Unheil schon in jener Geographiestunde, als der in irgendwelche Träumereien Abgeglittene von Proektor Meyer, dem Grossmünster-Leutpriester, jäh in die Wirklichkeit zurückgeholt wurde: «Wie heisst die Hauptstadt Italiens, Keller?» Der konsternierte Schüler wusste nichts anderes herzusagen, als was ihm ein übermütiger Banknachbar gerade einflüsterte: «Camera obscura!» Zur Exekution kam es wenig später. Zwischen dem ungeschickten Rechenlehrer Egli und den oberen Klassen, die sich saumässig aufgeführt hatten, war es zu Spannungen gekommen. Eine Eingabe von Eltern lag auf dem Tisch, und das Ansehen der jungen Schule stand auf dem Spiel. Da beschloss die dritte Klasse, bei Egli an der Fortunagasse mit einer «Katzenmusik» unrechtmässig eingezogene Schülerhefte herauszufordern. Gottfried Keller von der zweiten Klasse, der sich eben auf dem Heimweg befand, wurde aufgefordert, auch mitzukommen. Er schlug die Bildung eines geordneten Zuges und das Singen eines Vaterlandsliedes vor. Im Hausflur Eglis wurden die beiden zum Abholen der Hefte abgeordneten Schüler von den Söhnen des Lehrers verprügelt. Die Sache artete in eine allgemeine Schlägerei aus mit «Bombardement des Hauses durch Steine, Holzstücke und dergleichen».

In der Aufsichtskommission äusserte der zum Handeln gezwungene Prorektor sogleich die Ansicht, der kleine Keller müsse der Anstifter gewesen sein, da er ohnehin auf die andern einen mächtigen Einfluss habe und über sie hinauswachse. Am 9. Juli 1834 wurde feierlich beschlossen: «Gottfried Keller ist aus der Schule zu weisen und dieses seiner Mutter von Seite der Aufsichtskommission anzuzeigen.» Und bei einer letzten Begegnung mahnte der Prorektor: «Gib acht, Keller, Du wirst gewiss noch einen Stein finden, der Dir eine Beule in Dein eisernes Gesicht drückt.» War das nun der fortschrittliche, liberale Kanton Zürich, der für die allgemeine Volksbildung eintrat und dies durch engherzige, konservative Amtsinhaber Lüge strafte? Hier hätte Gottfrieds Pate von Meiss, der jetzt im Obergericht sass, zum Rechten sehen sollen. Der barmherzige Armenschullehrer Meisterhans hatte bei der hohen Kantonsschule kaum das nötige Gewicht.

Der später als Pamphletist und Demagoge verschrieene Systemgegner Dr. Friedrich Locher war mit Gottfried Keller aufgewachsen und zur Industrieschule gegangen. Er hatte auch an der zugegebenermassen lümmelhaften Aktion gegen den Lehrer Egli teilgenommen, sei aber von der Untersuchungskommission, «bestehend aus Chorherren und dem Leutpriester», als Sohn frommer Eltern ungeschoren weggekommen, während man Keller als Kind eines eher liberalen Vaters zum Sündenbock brandmarkte. Der Gottfriedli sei im übrigen ein stiller, friedfertiger Knabe gewesen, der aber das R, das K und das G nicht aussprechen konnte. Ein kleiner Sprachfehler wurde ihm auch im Alter noch nachgesagt, was ihn gehindert habe, in öffentlicher Rede seine Meinung zu sagen. Es sei vor allem «die mangelhafte Aussprache des Sch gewesen, das wie mit vorhergehendem L tönte», erinnerte sich sein Biograph Jakob Baechtold.

Dass der grosse und allmächtige Staat, wie Gottfried Keller im «Grünen Heinrich» schrieb, einer hilflosen Witwe den einzigen Sohn vor die Türe gestellt hatte mit den Worten «Er ist nicht zu brauchen!», bedeutete nichts anderes, als dass der Betroffene aus der bürgerlichen Welt ausgeschlossen war. Wäre der angesehene Bürger und Drechslerobmann noch am Leben gewesen, hätte die «verordnete Kommission zur Untersuchung der Schuldigen bei dem Unfug im Hause des Herrn Egli» schwerlich gewagt, ein solches Urteil zu fällen. So musste der noch unmündige Sohn eines Mannes, der sich als Schulvorsteher so feurig für Chancengleichheit eingesetzt hatte, als ein vom Staat gebrandmarkter Aufwiegler und Unruhestifter den Weg ins Leben antreten. Wer dachte denn daran, welche Irr- und Umwege dieser Gottfried nun zu machen hatte? Niemand ahnte, dass er trotzdem dereinst Zürichs «getreuester Staatsschreiber und menschlichster Dichter» werden würde.

Im «Grünen Heinrich» stehen die bitteren Worte, dass «ein Kind von der allgemeinen Erziehung ausschliessen» nichts anderes heisse, «als seine innere Entwicklung, sein geistiges Leben zu köpfen». Doch damals grämte sich der junge Mensch nicht allzusehr, ja in ihm reifte heimlich der noch vage Entschluss, ein Künstler zu werden. Es gab für ihn, den handwerklich ungeschickten Träumer, kaum einen anderen Ausweg.

Für die tapfere Mutter, die bereits ein kummer- und sorgenvolles Jahrzehnt hinter sich gebracht hatte, begann in ihrem siebenundvierzigsten Jahr ein neuer, schwerer Lebensabschnitt, der diesmal über zwei Jahrzehnte dauern und ihre ganze Kraft in Anspruch nehmen sollte.

Flucht zur Mutter Natur

Der aus der Schule verbannte Gottfried, nun gerade fünfzehnjährig, nahm das folgenschwere Ereignis sozusagen von der Ferienseite. Zunächst wanderte er nach Wiedikon in die Aegerten hinaus, wo in jenen Julitagen 1834 das Eidgenössische Ehr- und Freischiessen stattfand. Das war nun ganz nach seinem Geschmack. Die bunten Kantonsfahnen, die patriotischen Reden, die Knallerei, das viele Volk und der glänzende Gabentisch erfreuten Auge und Gemüt. Er tauchte unter in der wogenden Festfreude, trank wohl ein bescheidenes Bierchen und vergass seine Misere vollends. Darauf genoss er die neue, so unverdiente «Freiheit» in einem sechs- bis siebenwöchigen Sommeraufenthalt im vertrauten Scheuchzerhaus in Glattfelden. Mit einem Berg von Malerutensilien ausstaffiert, wurde er nach langem Fussmarsch von seinem jovialen und jagdfreundlichen Onkel, dem Landarzt Heinrich Scheuchzer, als Feriengast willkommen geheissen. Bei den vielen Cousinen und Cousins fehlte es dem angehenden Künstler nicht an der Zerstreuung und Bewunderung. Eine «Flucht zur Mutter Natur» nannte er diese Heimkehr ins Dorf der Eltern später. Er hatte das tröstliche Gefühl, kein Schulbub mehr, sondern bald ein rechter Maler zu sein. Eifrig zeichnend

Das Bauerndorf Glattfelden im Zürcher Unterland, von wo Kellers Eltern herstammten. Federzeichnung von Burkhard Mangold, 1906.

Das Haus von Gottfried Kellers Onkel, dem Landarzt Dr. Johann Heinrich Scheuchzer in Glattfelden, wo der Dichter in seiner Jugend oft zu Besuch weilte. Federzeichnung von Burkhard Mangold, 1906.

durchstreifte er Berg und Tal, immer auf der Suche nach «poetischen Motiven». In den zumeist verlorengegangenen Briefen an seine Mutter fehlte es nicht an Schilderungen flotter und vergnüglicher Ereignisse. Dabei war gerade ihr in diesen Wochen die schwerste Aufgabe zugefallen. Sie musste zusehen, wie sie «eine taugliche Zukunft für den Sohn ermittelte».

Anfang August schrieb sie: «Aus Deinem Brief merke ich wohl, dass es Dir in Glattfelden gut gefällt; und dass Du sehr flott Dich befindest, beweist mir der Inhalt des Briefes. Schon der Anfang, der Titel: „Guten Tag!" An wen? Ist es an mich, so darfst Du, hoffe wohl, den Mutternamen nennen. Bei Junker Meiss, Deinem Paten, bin ich freilich gewesen, aber wie er mir früher gesagt, die Malerei sei nichts. Er wies mich an einen sehr ordentlich und geschickten Mann, mit welchem Herr Münch (er war Kupferdrucker und bei Frau Keller in Kost) reden will. Allein, wie man sagt, soll diese Kunst sehr kostspielig sein und sich bis auf 1000 Gulden belaufen, bis einer als ein geschickter Maler gehen kann.»

Eine Woche später tadelte die Mutter: «In Deinem Schreiben machst Du mir grosse Aufschnitte von Spaziergängen und Ritten. Ich rate Dir, zum Reiten Dein Steckenpferd zu nehmen, welches weder Haber noch Heu frisst. Beiliegend erhältst Du ein Böckli von mir, damit kannst Du Haus halten und nicht mehr viel badisches Bier trinken. Von einem Meister für Dich weiss ich leider noch nichts. Es macht mir genug Kummer, angst und bang, bis Du eine Versorgung hast. Willst auf Deiner Malerei bleiben, so findet sich in ganz Zürich ein einziger – wo man sagen kann – geschickter Maler und dies ist der Wezel, welcher aber keine Lehrbuben annimmt. Der geschickteste Kupferstecher in Oberstrass, von dem Herr Münch sagt, verreist auch wieder fort und ohne den Lumpen Esslinger sind die andern Pfuscher! Was ist nun zu machen? Entweder auch ein Pfuscher werden oder Dein Köpfchen brechen und einen anderen Beruf wählen.»

Erstaunlich ist die ungekünstelte Treffsicherheit von Frau Kellers Sprache und die Umsichtigkeit, mit der sie sich neben ihrem grossen Haushalt für ihren unbekümmerten Sohn verwendet hatte. Das Züri-Böckli, das sie ihm schickte, war nicht viel Geld, nach heutigem Wert etwa ein Fünfliber. Aber sie hatte beim Paten vorgesprochen und sich da und dort über die Möglichkeiten einer Lehrstelle erkundigt. Bei dem erwähnten Kupferstecher in Oberstrass handelte es sich vermutlich um den damals einundzwanzigjährigen talentierten Johannes Ruff, der später Gottfrieds Freund werden sollte. Johann Jakob Wetzel, auf dessen Zusage als Lehrmeister die Mutter noch immer gehofft hatte, war ein begabter Zeichner, Landschaftsmaler und Schriftsteller, der aber noch im gleichen Sommer starb. Mit dem Lumpen Esslinger meinte sie den erfolgreichen Kupferstecher Johann Martin Esslinger. Er war zwei Jahre jünger als sie, stammte ebenfalls aus Glattfelden und war vermutlich mit ihr aufgewachsen, denn sein Vater betrieb im «Scheuchzer'schen Haus bei der Mühle» eine Seidenzwirnerei. Zur Zeit des Briefes der Mutter an Gottfried sass Esslinger auf Anklage des preussischen Staates im Oetenbachgefängnis. Im folgenden Jahr wurde er wegen fahrlässiger Mithilfe bei einer Fälschung zu nur drei Monaten Gefängnis verurteilt. Ein gewisser Wendling hatte bei ihm eine Platte bestellt, die er kunstgerecht ausführte: die genaue Kopie eines preussischen Staatspapiers.

Im September kehrte Gottfried wohlgenährt heim, die künstlerische Ausbeute seiner Glattfelder Wochen war eher mager. Auf des Onkels Fürsprache durfte er nun mit dem Malerberuf trotzdem ernst machen. Er gab dem Heimkehrenden einen Brief mit: Gottfried werde es «in dem angefangenen Berufe zu einem wackeren Manne bringen», wenn er dazu nur genügend Eifer und Geduld aufbringe. So kam er im September zu jenem Peter Steiger in die Lehre, der im «Grünen Heinrich» als Habersaat sein Unwesen treibt. Er stammte aus Altstetten im Limmattal und wohnte beim Kirchhof hinter der Predigerkirche. Sein «Kunstinstitut» war kaum mehr als eine Kopier- und Kolorieranstalt lithographierter Schweizer Ansichten, mit denen er einen schwindelhaften Handel trieb. Zwar versprach Steiger, seinen Lehrbuben gegen Honorar im Verlaufe von zwei Jahren «zum eigentlichen Künstler heranzubilden», doch die «freche Manier», die sich Gottfried dort aneignete und die er bald in barocke Kompositionen und heroische Landschaften umsetzte, entbehrten jeder echten Empfindung und genauen Beobachtung. An einem auf dem Krautgarten-Friedhof geraubten, gut erhaltenen Totenschädel – der kleine Friedhof lag an der Stelle des heutigen Kunsthaustraktes mit dem Restaurant – studierte Gottfried auf eigene Faust Anatomie. Schliesslich blieb er dem Steigerschen Institut fern, schmückte die Dachkammer mit dem Schädel und seiner Flöte aus und richtete ein eigenes Atelier ein. Salomon Gessners «Brief über die Landschaftsmalerei an Herrn Füssli» wurde nun sein Lehrmeister. Der vornehme Zürcher Salomon Gessner, Ratherr und Verleger, war eine Doppelbegabung. Der junge Mozart und Goethe hatten ihn im Haus zum Schwanen an der Münstergasse aufgesucht. Seine von ihm selber mit Kupferstichen versehenen «Idyllen» wurden neben Goethes «Werther» zum meistgelesenen Buch der Zeit: «Ich entwarf mit dem gleichen Griffel meine Zeichnungen und meine poetischen Gemälde.» Er strebte nach Einfachheit und Natürlichkeit, nach einem tugendhaften Leben und sprach sich gegen die «Unterdrückung und Armut» der Landbevölkerung aus. Eine Bemerkung Gessners hatte es Keller besonders angetan: «recht viel in den Dichtern zu lesen, da die Poesie eine wahre Schwester der Malkunst ist».

Dazu kam, dass im November 1834 gegen den geharnischten Widerstand kirchlicher Kreise im ehemaligen Barfüsserkloster an den Unteren Zäunen das erste Zürcher Theater eröffnet wurde – nicht weit vom Rindermarkt und ausgerechnet mit der «Zauberflöte». Gottfried war wie elektrisiert, er lernte die klassischen Dramen, Schiller, Shakespeare und Lessing in Bühnenaufführungen kennen. «Ich füllte wochenlang ein dickes Manuskript mit krassesten Nachahmungen an.»

Zu Weihnachten 1835 wurde Gottfried in der Predigerkirche konfirmiert. Mit dem Kauf des Hauses am Rindermarkt hatte sein Vater seinerzeit auch zwei «Kirchenörter» übernommen. Das waren gekaufte, reservierte Kirchenplätze. So setzte sich der Konfirmand neben seine Mutter in des Vaters seit Jahren leerstehenden Stuhl. Ausser diesem Eintritt in des Vaters Rechte scheint die Feier keinen grossen Eindruck auf ihn gemacht zu haben. Von da an betrat er die Kirche, deren goldener Türmchenhahn ihm einst als Gott selber vorgekommen war, erst nach über vierzig Jahren wieder, im Sommer 1879 zum Leichenbegängnis des Malers Ludwig Vogel. Beim Anblick der unveränderten Holzbänke, auf denen er die Kinderlehre und vom Sigristen so manche Ohrfeige erhalten, namentlich aber, wie er den Platz schaute, wo einst jeden Sonntag sein Mütterlein zu sitzen pflegte, da hätte er – der nun sechzigjährige Dichter – «laut heulen können».

Meiner Jugend schönstes Hoffen

Vor drei Jahren war Gottfried von der Schule relegiert worden, nun war er schon achtzehn und noch immer «ein ziel- und nutzloses Subjekt», das der Mutter auf der knappen Tasche sass. Es fehlte ihm weder an Willen noch an Begabung, sondern an einer führenden Hand. Bezeichnend ist eine Notiz vom 19. Juli 1837: «Heute ist mein achtzehnter Geburtstag; von heute an über zwei Jahre gelobe ich mir einigen Ruf zu gewinnen; wo nicht, so werf ich die Kunst zum Teufel und lerne das Schusterhandwerk.» Unmittelbar unter diesen verzweifelten Vorsatz schrieb er kleinlaut: «Den 19. Juli 1838. Heute ist mein neunzehnter Geburtstag, und sehe ein, dass es dummes Zeug war, was ich vor einem Jahr geschrieben.»

In der Zwischenzeit hatte er zwar seinen neuen Lehrmeister, einen geschickten Zeichner und Maler, kennengelernt, aber auch erstes Liebesleid erfahren. Im Haus der Mutter wohnte unter vielen andern Untermietern und Kostgängern die von einem Hafner geschiedene Frau Regula Keller, geb. Gattiker, mit ihrem Sohn und drei Töchtern. Der Sohn verkam in neapolitanischen Diensten; über die Töchter schrieb Gottfried 1841 von München an die Mutter: «Karoline ist eben auch nicht solid versorgt als „Kellnerin"? Was macht denn wohl die Luise? Ich habe erst hier gehört, dass sie nicht viel mehr als eine H... sei.» Das dritte Mädchen, Henriette, war oft mit Gottfried in Glattfelden gewesen. Sie arbeitete als Schneiderin. Mit siebzehn begann sie zu kränkeln, nun kam sie zum Vater ihrer Mutter nach Richterswil, wo sie im Mai 1838 starb, gleichzeitig mit ihrem Grossvater. Nach dem Richterswiler Kirchenbuch wurden am 22. Mai 1838 beerdigt: «Heinrich Gattiker, 69 Jahre und Henriette Keller von Zürich, ihres Alters 19 Jahre, 6 Monate und 8 Tage.» Sie wurden in die gleiche Gruft gelegt. Im ältesten Skizzenbuch Gottfrieds trifft man eine scheue Spur dieser ersten Liebe: «Den 14. Mai 1838. Heute starb sie.»

Der Bursche muss in den nächsten Tagen nach Richterswil hinaufgewandert sein. Er malte ein Aquarell des Friedhofs mit einem frischen, bekränzten Grab, dahinter die spätgotische Kirche von Richterswil, die leider seit 1905 nicht mehr steht. Dazu findet sich auf dem nächsten Blatt des Skizzenbuches Gottfried Kellers erstes eigenständiges Gedicht:

Das Grab am Zürichsee

Wo die blaue Ferne dämmert
An dem hellen Wasserspiegel
Liegt ein flurenreiches Dörfchen,
Und im Dörfchen liegt ein Kirchhof.

Und im Kirchhof wölbt ein Grab sich
Frisch und weit, denn es umschliesset
Eine früh verblichene Jungfrau,
Einen altehrwürd'gen Greis.

Auf dem teuren Grabe blühet
Eine keusche weisse Rose
Neben einem Lorbeerstrauche,
Von der Liebe drauf gepflanzet.

Und wenn ich das Grab erblicke,
Will es mir das Herz zerreissen:
Meiner Jugend schönstes Hoffen
Hat der Tod hineingelegt.

Den 29. Mai 1838   G. K.

Ob die frühverstorbene Henriette und

«jener Zeit bescheidne Frühlingspracht,
wo von Mutterliebe noch umfangen
schon die Jugendliebe leis erwacht»

im «Grünen Heinrich» die Beziehung Heinrichs zu Anna abgegeben hat? Keller verneinte es zwar, sowohl die Anna wie die Judith seien frei erfunden, aber er liebte es nicht, wenn man mit kritischen Fragen allzutief in sein Innerstes dringen wollte.

Kummerjahre in München

Gottfried war draussen in Glattfelden, frühmorgens beim Emden, als der aufkommende Herbsttag vom Gellen der Sturmglocken zerrissen wurde. Es war der denkwürdige 6. September 1839: der «Züriputsch» begann. Die Landbevölkerung erhob sich mit Dreschflegeln und Schiesseisen gegen die allzu liberale Regierung, die in der Schule den Religionsunterricht beschneiden wollte und den Gottesleugner David Friedrich Strauss auf den theologischen Lehrstuhl der Universität berufen hatte. Gottfried warf seine Heugabel weg und lief, ohne das Essen abzuwarten, nach der entfernten Hauptstadt, um seiner bedrohten Regierung beizustehen. Man riet ihm, nicht auf offener Landstrasse, sondern Zürich auf Fusswegen zu gewinnen, da er als «Straussianer» von den aufgebrachten Bauern totgeschlagen werden könnte. Der Regierung war freilich nicht mehr zu helfen, vorübergehend gelangten die Konservativen ans Ruder. Strauss wurde pensioniert, bevor er sein Amt antrat.

Der enttäuschte Freiheitskämpfer Gottfried Keller rettete sich schleunigst nach Glattfelden zurück, um von dort nun mit doppelter Energie sein Fortkommen von Zürich zu betreiben. Bis jetzt war es ihm mit der Malerei schlecht ergangen. Nach seinem Abgang vom Steigerschen Institut, wie sich das Kolorier- und Rentierunternehmen nannte, geriet er an den begabten Zeichner und Aquarellisten Rudolf Meyer, der nicht nur im «Grünen Heinrich» der «Römer» genannt wurde. Er hatte bei Wetzel und im Atelier der Lory in Bern gelernt, sich dann eine Weile in Rom weitergebildet und verfiel schliesslich in Zürich der fixen Idee, er müsse ein Abkömmling fürstlicher

Häuser sein. Als die Königin von Neapel im Hotel Schwert abstieg, ging er mit seinem Schüler unter geheimnisvollen Andeutungen vor den Gasthof, stieg hinter ihr zu einer wichtigen Unterredung die Treppe hinauf und liess den verdutzten Gottfried Keller lange unten warten. Keller merkte dann am Duft, den sein Lehrer zurückbrachte, wo er wirklich gewesen war. Anfang März 1838 verschwand der Mann, dem Gottfried die ersten künstlerischen Begriffe verdankte, fast über Nacht nach Genf, und Gottfrieds Mutter musste einen Teil des vorausbezahlten Lehrgeldes auf die Verlustseite schreiben. Meyer, der eine genialische Begabung besass, starb fast zwanzig Jahre später vergessen in der Irrenabteilung des alten Zürcher Spitals.

Gottfrieds Ziel war nun München, um in einer regelrechten Schule als Maler nochmals von vorne anzufangen. Durch den Verkauf eines «Gültbriefes» aus grossmütterlichem Erbe konnten bescheidene Mittel aufgebracht werden. Am 15. Februar 1840 beschloss der Glattfelder Gemeinderat in seiner Sitzung: «Dem Ansuchen des Herrn Doktor Scheuchzer, auf das Erbe hin bei Herrn Rudolf Denzler (dem zweiten Mann der Grossmutter) hundertfünfzig Gulden zu erheben, wird entsprochen.» Der Betrag sei für Gottfried Keller «zur Vervollkommnung seiner Malerkunst» zu verwenden.

Kurz nach Ostern war Gottfried reisefertig. Neben zahlreichen Malutensilien packte er seine Flöte und ein dickes Wörterbuch der Mythologie in seine Reisetasche. Zuoberst aber lag Knigges «Umgang mit Menschen», als praktischer Ratgeber des kleinen Zürchers in der grossen Welt. Von Frauenfeld aus, wo er zuerst Station machte, schrieb er am 1. Mai: «Ich danke Dir, liebe Mutter, nochmals für alles, was Du an mir getan hast, und bitte Dich, nicht zu denken, dass ich es nicht anerkenne, weil ich eine rauhe Aussenseite habe; ich kann halt keine schönen Worte machen, aber deswegen empfinde ich alles, was ein rechter Sohn empfinden muss. Ich hoffe nur, Dir einst alles noch vergelten zu können.»

In München bezog er das Zimmer eines abgereisten Schweizers an der vornehmen Neuhauserstrasse 22, rückwärts über drei Stiegen, der Akademie der Wissenschaften grad

«Ossianische Landschaft», 1843, Kellers Hauptwerk aus der Münchner Zeit. Im Besitz der Zentralbibliothek Zürich.

gegenüber. Auch seine späteren Wohnungen an der Lerchenstrasse 40 und in der Schützenstrasse 3 lagen nahe beim Karlstor. Die Schützenstrasse, ausserhalb der Altstadt, am Weg zum Bahnhof, war von allen seinen Unterkünften die billigste. Das ganze damalige Quartier fiel dem Zweiten Weltkrieg zum Opfer. Was an seiner Stelle entstanden ist, hat weder Stil noch Atmosphäre. Grossstadtgrau mit schreienden Reklametafeln. Wenn Gottfried von dort, wo er einst wohnte, heute aus dem Fenster blicken würde, wäre zwar gegenüber in der Bayerstrasse die vertraute Bierkneipe zum Löwengarten noch einigermassen da, aber mächtig überragt von der vulgären Fassade mit Neonschrift: «Henrys' Peep Show» und «Non-Stop!»

Es war das München Ludwigs I., das Keller betrat, die Stadt von hunderttausend Einwohnern, die nach den Plänen des ehrgeizigen königlichen Bauherrn zur schönsten in Deutschland werden sollte. «Endlich bin ich angekommen in dem Gelobten Lande», schrieb Gottfried am 18. Mai 1840 an seine Mutter. Er berichtete von der Reise und seinem schönen Zimmer, das trotz zentraler Lage, Sofa, gutem Bett, Kommode und gepolsterten Stühlen nur vier Gulden Zürichgeld koste, «wobei mir noch die Stiefel und Kleider geputzt werden. Ich befinde mich sehr wohl hier. Kommt man mit den Leuten in Berührung, so sind sie höflich und gefällig, nur die Weibsbilder von der bürgerlichen Klasse sind ungemein roh. Sie fluchen und schimpfen wie bei uns die Stallknechte und sitzen alle Abend in der Kneipe und saufen Bier. Ich nehme gar nichts zu mir bis zum Mittagessen, obgleich ich manchmal noch Hunger bekomme. Manchmal esse ich auch zu Nacht und manchmal nicht.»

Am 27. Juni berichtete er:

«Die schweizerischen Studenten und Künstler haben eine Gesellschaft hier, worin ich ebenfalls bin. Donnerstag hatten wir an ein Leichenbegängnis zu gehen, da einer aus dieser Gesellschaft, Graf d'Affry von Freiburg, einundzwanzig Jahre alt, starb. Überhaupt sind sehr viele Schweizer hier krank, und meistens sehr gefährlich am Nerven- und noch mehr am Schleimfieber. Die Münchner sagen zwar, wenn einer gleich anfangs sich ans Biertrinken halte, so werde man weniger krank, und das habe ich mir hinter die Ohren geschrieben...»

In den Briefen nach Hause nannte Keller sich «Eleve der königlichen Akademie», deren Schüler er aber nie war, wie es auch sonst zu keinem geordneten Unterricht kam. Statt dessen tat er, was der grosse Haufen der Kunstjünger tat: man lief in die Pinakothek, in die Ausstellungen des Kunstvereins und besuchte gelegentlich das Atelier eines Malers.

Als er einmal im Kunstverein Bilder betrachtete, erschien gerade der König mit einigen devoten Herren im Kielwasser. Keller flüchtete von Zimmer zu Zimmer, bis er im hintersten in der Falle sass. Hier vertiefte er sich eifrigst in ein Gemälde. Die Gruppe nahte, und Keller trat bescheiden zurück. «Auch Künstler?» fragte der König. «Ja, Majestät», antwortete er. Immerhin habe ihm, dem überzeugten Demokraten, das Herz mehr als gewöhnlich geklopft, meinte er abends zu den Freunden, die ihm aber die Geschichte nicht abnahmen. Als sie jedoch am nächsten Vormittag in die Schwanthalerstrasse einbogen, stiessen sie auf den König. Ludwig schritt an Keller vorbei und schlug ihm leicht auf die Schulter mit den Worten: «Haben uns auch schon gesehen!»

Die später sanierte, primitive Wasserversorgung Münchens machte die Stadt damals zum Herd einer chronischen Typhusepidemie, als Nerven- und Schleimfieber bezeichnet. «Es hat mich auch gepackt», schrieb Gottfried am 9. September 1840 nach Hause, «ich hatte das Schleimfieber im höchsten Grade.» Vierzehn Tage lag er meist ohne Besinnung und erinnerte sich später nur noch, wie zuweilen ein Landsmann, sein Freund Hegi vom Rindermarkt, vor sein Bett trat: «Hat's dich, Gottfried?» Wie er durch seine Krankheit, bei der es ihn fast «genommen» hätte, noch mehr in Schulden geriet, schilderte er seiner Mutter: «Du wirst Dich wundern, dass die vier Louisdor bereits wieder gebraucht sind, wenn Du nicht bedenkst, dass ich dem Doktor sechzehn Gulden, dem Apotheker acht Gulden, der Magd, welche bei mir wachte und mich gut pflegte, einen Taler und obendrein den Mietzins zahlen musste. Dazu musste ich, als ich wieder essen und ausgehen durfte, feinere und kräftigere Speisen nehmen und Rheinwein trinken, um wieder zu Kräften zu kommen.»

Später ergänzte er: «Meine Krankheit hat mir doch einen schlimmen Streich gespielt, nämlich den, dass sie mich zum Kahlkopf macht; jeden Morgen, wenn ich mich kämme, gehen mir fürchterlich Haare aus, und das jetzt schon seit zwei Monaten.» Wenn die Geldsorgen in den Briefen eine immer grössere Rolle spielten, so lag das auch am haushälterischen Verfahren der Mutter, die jene hundertfünfzig Gulden in kleinen Portiönchen aufteilte. Schliesslich musste sie auch noch den Rest des Glattfelder Erbes flottmachen, ganze sechsundachtzig Gulden, die im Dezember 1840 und im Januar in zwei Raten auf die Post gingen. Seinen «pechiösen» Zustand schilderte er Johann Salomon Hegi: «Ich arbeite wie ein Neger in einer Zuckerplantage. Doch bitte ich Dich, meinen Bankrott juhee! niemandem zu erzählen.»

Seine Not in München lässt sich dort am deutlichsten ablesen, wo er nicht von sich selber sprach: im studentischen

«Wochenblatt der Schweizergesellschaft», dessen ehrenamtlicher Redakteur er 1841 wurde. Seine Beiträge und humoristischen Leitartikel waren drastische Tagesschilderungen voll barockem Witz und komischen Persiflagen über die Nöte des Durstes und dessen ungezügelte Befriedigung, über die Qualen des Hungers und des nicht eintreffenden Geldes. Grotesk waren vor allem die «Phantasien eines Redakteurs in den Hundstagen»: Mit der drohenden Mahnung, endlich seine Schulden zu begleichen, wird der Durstige aus der Kneipe komplimentiert. Auf seiner Bude träumt er sich in seine Heimat zurück. Gleich einem glänzenden Meteor schimmert ihm die Bratpfanne der Mutter entgegen. Lieblich spielen die Wellen um seines Onkels wohlgefüllten Fischbehälter, aus dem ihm so mancher Aal gemundet hat, während jetzt die stinkende Haut eines miserablen Herings vor ihm liegt. Schliesslich sinkt er in Schlaf, bis ihn am Morgen ein liebliches Klingeln weckt. «Der Wechsel, der Wechsel!» rief ich freudig erschreckt und riss dem dienstbaren Geist das Papier aus der Hand: – es war nur eine Zitation von der Polizei!

Bis im Herbst 1842 waren Not und Hunger aufs höchste gestiegen. Beinahe seine ganze Künstlerhabe, «die schönen Aquarelle und Skizzen, ungeheure Kartons mit ossianischen Landschaften» wanderten zu einem kleinen Trödler bei der Kaufingerstrasse. Jedes Stück, ob klein oder gross, gut oder schlecht, Wasser- oder Ölfarbe, wurde zu vierundzwanzig Kreuzern losgeschlagen.

Einmal blieb Keller, von allen Mitteln entblösst, zwei Tage ohne Nahrung im Bett. Er stand nur auf, weil er befürchtete, der Hauswirt könnte seine Insolvenz entdecken. Dann verkaufte er ein Ringlein, das er an der Mütze trug. Mit den drei Gulden eilte er in eine Kraftsuppenanstalt, wo er mehrere Portionen hinunterschlang. Zuletzt versilberte er beim Trödler seine Flöte, nachdem er ihm vorher eine Arie darauf hatte vortragen müssen.

Im Oktober heiratete Kronprinz Max von Bayern die preussische Prinzessin Marie. Auf diesen Jubeltag hin organisierte das Trödelmännchen ein grosses Geschäft. Er liess Hunderte von Fahnen anfertigen, die beim Einzug der Braut die

Strasse schmücken sollten. Unter Fluchen und Seufzen malte nun Keller, der sich dem Kolorieren von Stichen stets empört widersetzt hatte, tage- und nächtelang in den Landesfarben endlose blauweisse Spiralen um die Fahnenstangen und verdiente damit täglich zwei Gulden. Die gelegentlich angezweifelte Geschichte bestätigte Keller über vierzig Jahre später seinem Biographen Baechtold bei einem Spaziergang ins «Muggenbühl».

Doch dieser verzweifelte Versuch, seine finanzielle Lage aus eigener Kraft zu verbessern, reichte nicht weit. Die Wohnung wurde ihm gekündigt und Keller auf die Strasse gestellt.

Und dies war nur das letzte Kapitel einer monatelangen Leidensgeschichte. Auf Gottfrieds Gesuch hatte die Mutter nach langem Zögern 500 Gulden auf das Haus zur Sichel aufgenommen. Sie entschloss sich dazu erst, nachdem man ihr auf dem Stadthaus nach inquisitorischer Befragung erklärt hatte, man wolle ihren Sohn in München pfänden und polizeilich aus der Stadt weisen, wenn er seine Schulden nicht schnellstens bezahle. Im Dezember schrieb Keller nach Hause, dass er «oft mehrere Tage nichts genossen habe als Brot und ein Glas Bier». Im Februar 1842 verbrannte ihm ein Bild, das der Kunstverein kaufen wollte und er zum Trocknen an den Ofen gestellt hatte, während er im Wirtshaus ein Glas Bier auf den glücklichen Handel von sechzig Gulden trank. Ein anderes Bild, das er im Juni auf die alljährliche Zürcher Ausstellung in der Kantonsschule schickte und auf das er grosse Hoffnung gesetzt hatte, kam so verschmutzt an, dass es erst nach der Jurierung aufgehängt werden konnte. Alles Laufen, Bitten und Betteln der Mutter nützte nichts mehr.

Gottfried Kellers ganze stumme Verzweiflung hatte sich schon Anfang Mai am Frühlingsfest der Münchner Künstlergesellschaften gezeigt. Mit seinem Malerfreund Hegi schloss er sich dem fröhlichen Zuge aufs Land hinaus an. «Es war ein wonniger Morgen, gefüllte Bierwagen standen unter den Bäumen, und ganze Hämmel schmorten am Spiess. Wir versahen uns mit einem schäumenden Krug und liessen uns an einem hübschen Plätzchen nieder», erzählte Hegi später, «man

Für die Hochzeit des Kronprinzen Max von Bayern mit der Prinzessin Marie von Preussen im Oktober 1842 strich Gottfried Keller in München Fahnenstangen an. Radierung von Burkhard Mangold, 1906.

pflanzte die Stöcke hinter sich in die Erde, hängte Rock und Mütze daran, steckte die Pfeife in Brand und gab sich gemütlichen Plaudereien hin. Nach einem anschliessenden Rundgang lagen Gottfrieds Utensilien am Boden, und der Meerrohrstock, ein Erbstück seines Grossvaters aus preussischen Diensten, war verschwunden. Wie ein Adler stürzte er sich nun auf alle Stöcke, die einem Rohr ähnlich sahen, riss sie den Trägern aus den Händen und gab sie ihnen ebenso wortlos zurück. Die wilde Jagd ging fort, bis alle Hoffnung, den gestohlenen Stock zu entdecken, geschwunden war. Bei der Rückkehr setzte sich Gottfried an den Rand des Weges und fing heftig zu weinen an. Ich suchte ihn lange vergeblich zu trösten und hatte schliesslich Mühe, ihn zur Rückkehr nach München zu zwingen. Damals konnte ich mir nicht erklären, dass der Verlust ihn so gänzlich ausser Fassung gebracht hatte. Später begriff ich es. Er war nur der letzte Tropfen in den übervollen Becher des Kummers. Seine unsichere, ärmliche Lage, fehlgeschlagene Künstlerhoffnungen bedrückten und bestürmten sein aufgeregtes Gemüt, und die Wellen warfen das Schiffchen nach allen Seiten.»

Ende Oktober 1842 verkündete Gottfried Keller der Mutter seinen Entschluss, heimzukommen. Den Hauptteil seiner Bilder habe er dem Hausherrn überlassen müssen, erinnerte er sich später. Die «Ossianische Landschaft», die verschmutzt und verspätet an die Ausstellung gekommen war, habe er dann doch noch verkaufen können, für 60 Gulden an einen Münchner Sammler. Im übrigen hatte er im letzten Brief vor seiner Heimkehr der Mutter geschrieben: «Ich kann Dir nur versichern, dass es zwei Dritteln von den Künstlern so gegangen ist, die jetzt geborgen sind. Freilich quält's mich genug, dass Du am meisten dabei zu leiden hast.»

Erst drei Jahrzehnte später, im Herbst 1872 – Keller hatte endlich einen Urlaub genommen –, da zog es ihn wieder nach München, «um sich mit eigenen Augen von den Zuständen im neuen Reich zu überzeugen und auf den grünen Pfaden der Erinnerung zu wandeln». Manche Stunde forschte er jenem Trödelmännchen nach, bei dem er seine Bilder und die Flöte versilbert hatte, «doch jede Spur war verloren». Im «Franziskanerbräu» traf man sich bei Bier und Rettich. Kellers schönstes Erlebnis wurde der Besuch der Schackgalerie, wo er sich lange in die Landschaften von Böcklin vertiefte. Sie passten ihm eigentlich gar nicht. Noch zehn Jahre später schrieb er: «Es heisst, dass Böcklin nur einmal in seiner Jugend sorgfältige Studien nach der Natur gemalt habe und seither sich mit Spazierengehen und Anschauen begnüge.» Hatte es Keller in München nicht ähnlich gehalten?

Zwischen Pinsel und Poesie

Kellers «grauer, kummervoller» Münchner Zeit folgten sechs Jahre der Ungewissheit, an die er nur mit gemischten Gefühlen zurückdachte. Das Dachstübchen im Haus am Rindermarkt war für die grossen Malkartons, die er mit heroischen Landschaften füllen wollte, zu klein geworden. In der Nähe mietete er ein Atelier. «Es war Winter und jener Raum so unheizbar, mein inneres Feuer für die spröde Kunst auch so gering, dass ich mich meistens an den Ofen zurückzog und in trüber Stimmung über meine Lage hinter jenen Kartonwänden versteckte, die Zeit mit Lesen und Schreiben zuzubringen. Allerlei Not und die Sorge, welche ich der Mutter bereitete, ohne dass ein gutes Ziel in Aussicht stand, beschäftigte meine Gedanken und mein Gewissen, bis sich die Grübelei in den Vorsatz verwandelte, einen traurigen kleinen Roman zu schreiben über den traurigen Abschluss einer jungen Künstlerlaufbahn, an welcher Mutter und Sohn zugrunde gehen. Es schwebte mir das Bild eines utopisch-lyrischen Buches vor mit heiteren Episoden und einem zypressendunkeln Schluss, wo alles begraben wurde.» Man errät es leicht: Es ging um die Grundlagenpläne des ersten «Grünen Heinrich», es dauerte aber noch über ein Jahrzent, bis Keller, elend und geschunden, das letzte Kapitel «unter Tränen zusammenschmierte».

«Das war meines Wissens der erste schriftstellerische Vorsatz, den ich mit Bewusstsein gefasst hatte. Die Mutter kochte unterdessen an ihrem Herd die Suppe, damit ich essen konnte, wenn ich aus meiner merkwürdigen Werkstatt kam.» Am 11. Juli 1843 notierte er in sein Tagebuch: «Ich habe nun einmal einen grossen Drang zum Dichter; warum sollte ich nicht probieren, was an der Sache ist?»

Doch eine «klangvolle Störung» durchkreuzte seinen Plan. «Eines Morgens, da ich im Bette lag, schlug ich den ersten Band der Gedichte Herweghs auf und las. Der neue Klang ergriff mich wie ein Trompetenstoss.» Tagelang wusste er sich «der Masse ungebildeter Verse, welche sich stündlich hervorwälzten», kaum zu erwehren. «Das erste Produkt, welches von mir in einer Zeitung (dem in Basel erscheinenden Wochenblatt „Die freie Schweiz") gedruckt wurde, war ein Jesuitenlied: „Hussah! Hussah! Die Hatz geht los!", dem es aber schlecht erging. Eine konservative Nachbarin, die in unserer Stube sass, als das Blatt zum Erstaunen der Frau gebracht wurde, spuckte beim Vorlesen der greulichen Verse darauf und lief davon.» Andere Dinge dieser groben Art folgten.

Mit dem Sommer 1843 begann Gottfrieds liederreiche Zeit. In seinem Sammetfräcklein, das ihn als Poeten auszeichnete, begab er sich jeden schönen Morgen nach dem Platzspitz. Unter einem der alten, von Rosenhecken eingefassten Bäume richtete er sich wohnlich ein. Eine Menge Gedichte entstand dort. «Mit dem vorbeirauschenden Wasser zogen auch die Verse heran.» Schliesslich packte er ein paar Gedichte zusammen und schickte sie an Julius Fröbel, der Herweghs Gedichte «Lieder eines Lebendigen» herausgegeben hatte. Dass Fröbel, ein Flüchtling aus Thüringen, einst sein Lehrer an der Industrieschule gewesen war, verschwieg er im Begleitbrief. «Diesen ersten Schritt zur Ruhmeshalle deutscher Dichter», wie es in einer Biographie so schön heisst, «tat Keller am 17. August 1843.» Fröbel erkannte Kellers Talent sogleich und eröffnete ihm den Kreis jener literarischen Vormärzflüchtlinge, die sich in Hottingen zusammengefunden hatten: Schulz, Fröbel, Follen, Freiligrath und Herwegh, bei denen auch Hoffmann von Fallersleben verkehrte, der Dichter des Liedes «Deutschland, Deutschland über alles...»

Am 13. September 1843 entstand Kellers populär gewordenes Lied «O mein Heimatland, o mein Vaterland», eine Erinnerung an seine Münchner Jahre, von dem Keller aber nie viel hielt. Das Gedicht habe seine Volkstümlichkeit nur der am 10. Juni 1846 komponierten Melodie Wilhelm Baumgartners zu verdanken. Der Komponist, «auch so ein kleiner

Urschrift des Liedes «An mein Vaterland» vom 13. September 1843.

Laß leben(?) ich dir im Herzen sterben(?)
Ist dein enges Kind deinem Schmerz getrübt,
Bringt die Freundschaft Blumen deinem Flor

O wie schlägt sobung mein Herz empor
und — fühlet deine Schmerzen mit.

Wenn ich wieder mich einstig hinwegfern muß
in die scheidenden Pforten Reise,
werd' ich stets dem Herzen Linde trauft   Dem gerechten Herzen Liebe hofft
und Deinem Ländlingsänger Halter Gehst.   Und ich stets und Dem Unshesinger   ...

O du Schmerzensland, all mein Gut und Hab
O mein Schmerzensland! O mein Vaterland!
Wenn dereinst mein banges Stündlein kommt —
ob ich Schmerzen die mich nichts gefromt —
nicht verzage wie ein stilles Grab!
gedenk ich an mir   mich mein Musik(?)
Wär mir Gastes nicht, ich mich in...
Befehlen will ich dir zu Gott dem Herrn,
Daß Der Jugend seinen schönsten Stern
strahlen laße mich mein Vaterland!

————

schwarzer Kerl wie ich», hatte sich ihm einmal bei einer Begegnung unter dem Helmhaus vorgestellt, und seither verband eine herzliche Männerfreundschaft die beiden. Die «Lieder eines Autodidakten – Gottfried Keller von Glattfelden bei Zürich» erschienen Anfang 1845 in Fröbels «Deutschem Taschenbuch» und fanden eine sehr gute Aufnahme. Das Stuttgarter «Morgenblatt» feierte den jungen Mann als das bedeutendste lyrische Talent, das in der Schweiz laut geworden.

Keller war gerade in dem Augenblick mit seinem wichtigsten Förderer, dem Giessener August Adolf Ludwig Follen, zusammengekommen, als dieser sich von Herwegh enttäuscht abzuwenden begann: Aus dem entlaufenen Theologiestudenten und Revolutionsdichter, der 1843 die schwerreiche Emma Siegmund aus Berlin geheiratet hatte, war ein widerlicher Geck geworden, der nur noch den auserlesensten Genüssen nachging. Herwegh hielt sich Livreediener und trank nur Champagner. «Das kommt mir zu», pflegte er zum Ärger Kellers zu sagen.

Anders der Dichter des «Jesuitenliedes»: Keller fühlte das Bedürfnis, sich auch aktiv an der Bekämpfung der Reaktion zu beteiligen. Als die Luzerner Regierung im Oktober 1844 den Jesuiten den Religionsunterricht übertrug, machten sich aus Zürich und anderen Kantonen Freischaren auf, um der liberalen Mehrheit der Stadt Luzern gegen die bigotte Landbürgerschaft zu Hilfe zu kommen. Mit der Zürcher Schar zog auch Gottfried Keller ins Feld. Zwar hatte er noch kurz vorher zu Freiligrath gesagt, er sei zu arm, um sich fürs Vaterland totschiessen zu lassen, aber die Zeit erfasste ihn mit eisernen Armen. Der Freischarenzug wurde schon in Albisrieden aufgelöst. Gottfried wird ungefähr so kleinlaut und «vom vielen Weintrinken abgespannt» heimgekehrt sein wie Frau Regel Amrains Jüngster. Ende März 1845 sollte es wieder losgehen. Gottfried versah sich beim Schneidermeister Wuhrmann, der auch mitzog, mit Gewehr und Hirschfänger, nur hatte er nicht darauf geachtet, ob die Mordwaffe auch gebrauchsfähig sei. Der wackere Wuhrmann, der im «Fähnlein der sieben Aufrechten» den Schneidermeister Hediger abgab, hatte in der Aufregung vergessen, den Feuerstein statt des sichernden

Sperrhölzchens einzusetzen. So kam es, dass Kellers Freund, der spätere Bundesrat Jakob Dubs, der den Mannen auf einem Dienstritt begegnete, erstaunt ausrief: «Gottfried, du hast ja einen hölzernen Feuerstein!» Der zu allem entschlossene Zug kam nur bis Maschwanden, wo der erwartete Zuzug ausblieb. Im Schutze der Dunkelheit fuhr man auf Leiterwagen wieder heim. Keller hat den zweiten Freischarenzug in der «Frau Regel Amrain» später erzählerisch abgewandelt, wobei er den Fritz vor seinem Auszug das Schloss seines Gewehrs sorgfältig prüfen liess.

Unterdessen vermochte Follen den Heidelberger Verleger Anton Winter zu bestimmen, ein Bändchen «Gedichte» von Keller herauszugeben, das Anfang 1846 erschien. Auch diesmal fehlte es keineswegs an Lob, nur die radikale Eisenfresserei der politischen Lieder wurde getadelt. Gottfried war nun bald dreissig Jahre alt und steckte die Füsse noch immer unter Mutters Tisch. Schon lange hatte man auch in Kellers Umgebung mit Bedauern bemerkt, dass hier ein prächtiger Mensch und ein reiches Talent seine Kraft hilflos vergeudete. Dazu kam seine unglückliche Liebe zur Jungfer Luise Rieter, der er in wilden Wirtshausrunden und Selbstanklagen Herr zu werden suchte.

Zwei deutsche Professoren an der Universität, die Keller bei Follen kennengelernt hatte, setzten sich nun für ihn ein. Sie suchten den Bürgermeister Alfred Escher, die Regierungsräte Eduard Sulzer und Rudolf Bollier für den hochbegabten jungen Menschen zu interessieren. Am 26. September 1848 boten ihm der Erziehungsrat und die Regierung des Kantons Zürich ein Reisestipendium von achthundert Franken zur weiteren wissenschaftlichen Ausbildung im Ausland an. Er griff mit beiden Händen zu. Man riet ihm zu einer Bildungsreise in den Orient; aber das Ziel seiner Sehnsucht war Deutschland, zuerst eine Hochschule, dann vielleicht Berlin oder Dresden; er wollte Dramatiker werden. So verliess er denn im Oktober des Sturmjahres 1848, als das alte Europa in allen Fugen krachte, seine Geburtsstadt zum zweitenmal, um erst nach sieben entbehrungsreichen Jahren wiederzukehren.

Heidelberg, du feine...

Gottfried Keller hatte sich für Heidelberg, Deutschlands älteste Universitätsstadt, entschieden, die ihm auch einiges an studentischem Amusement zu versprechen schien. Am 19. Oktober 1848 machte er sich auf die Reise, mit hohlem Kreuz, soweit es seine biedermeierliche Reisetasche zuliess. In Basel verpasste er die badische Eisenbahn, so dass er mit französischem Dampf zuerst nach Strassburg fahren musste. «Dies kostete mich zwar ein Nachtlager mehr, reute mich aber nicht, denn ich sah einmal das lebhafte französische Leben, das adrette Militär, besonders aber das wunderbare Münster, welches einen so gewaltigen Eindruck machte auf mich als Dichter und Künstler.» Er hatte sich in seiner approbierten Position also schon ganz gut zurechtgefunden und gab sich nun durchaus als erfahrener Weltmann: «Der Turm ist gerade noch einmal so hoch wie der Fraumünsterturm in Zürich, aber da ist kein rotes dummes Dach, sondern bis zuoberst hinauf ist alles steinernes Blumen- und Bildwerk, wie wenn es gehäkelt wäre, so dass allenthalben der Himmel durchscheint.»

Das war im übrigen das einzige Mal, dass Gottfried Keller in seinem Leben über das deutsche Sprachgebiet hinauskam, wenn man vom zweisprachigen alten Strassburg überhaupt von einer französischen Stadt reden konnte.

Am 22. Oktober kam er in Heidelberg an, dem historischen Studentenstädtchen mit der «schicksalskundigen Burg», dem weinseligen Zwerg Perkeo und den fröhlichen Gassen «unter duftenden Gärten» – wie zwölf Jahre vorher der verspätete Studiosus Friedrich Hebbel, «um sich hier die höchste Bildung seiner Zeit zu erringen». Und Hebbel war mit seiner

«Maria Magdalena» bereits ein ernstzunehmender Dramatiker geworden.

An der unteren Neckarstrasse, etwas draussen in einem Biedermeierhäuschen, nahm Keller Quartier, bei armen und höchst unordentlichen Leuten namens Ewald. «Über den Luxus des Zimmers, welches ich hier bezogen habe, könntest Du Dich nun nicht beklagen, wenn Du es sehen würdest, liebe Mutter; es gehört zu den einfachsten, welche hier aufzutreiben sind. Ich habe ein Klafter Holz gekauft; die Heizungen sind miserabel hier. Es ist merkwürdig, wie dumm in dieser Beziehung so eine ganze Stadt sein kann. Überhaupt ist hier ein lumpiges, liederliches Volk, alles lebt ganz und gar von den Studenten, die halbe und dreiviertels Bevölkerung sind uneheliche Studentenkinder und läuft in Fetzen herum. Mein Verleger Winter, welchen ich besuchte, ist ein sonderbarer Kauz. Er war ganz artig und freundlich, erwähnte aber mit keiner Silbe meine Gedichte, was er für Geschäfte damit gemacht hatte. Dagegen studiert hier ein Sohn eines Braunschweiger Buchhändlers, des Herrn Vieweg, welcher sagte, dass sein Vater in acht Tagen selbst hier durchreisen werde, was mir ganz gelegen kommt.»

Zunächst besuchte Keller die beiden ehemaligen Zürcher Professoren Jakob Henle und Karl von Pfeuter, die einst radikal, jetzt aber würdige Hofräte waren und sich zu seiner Enttäuschung sehr konservativ gaben. Er konnte sich über die zuvorkommende Aufnahme aber nicht beklagen. Gerade Henle hatte es nicht leicht, ihm unbefangen gegenüberzutreten. Als er damals in Zürich mit seiner jungen Frau – sie war bei Professor Löwig Dienstmädchen gewesen – erstmals mit Keller zusammentraf, muss sich dieser höchst abweisend benommen haben: «Ausser einigem unartikuliertem, bärenhaftem Gebrumme bekamen wir nichts von ihm zu hören.» Die junge, hübsche Frau Henle, geborene Elise Egloff aus Gottlieben, war zudem vor acht Monaten gestorben; Keller hat ihr später als Regine im «Sinngedicht» ein Denkmal gesetzt.

Im Frühling zog Keller von seinem «Lumpenpack» an der Neckarstrasse weg zu «frommen Stündlern», dem Kutscher Guland am Neckarstaden 22, direkt bei der schönen Brücke, die schon Hölderlin eine Ode entlockt und Goethe begeistert hatte: «Die Brücke zeigt sich von hier aus (vom Karlstor her) in einer Schönheit wie vielleicht keine Brücke der Welt.» Dabei gilt es als ausgemacht, steht heute in Heidelbergs Kulturführer, dass der ideale Standpunkt zur Brückenschau auf der andern Seite liegt. Dass dann der kleine Gottfried Keller von seinem Standpunkt, vom Zimmerchen am Neckarstaden aus, das wohl schönste Brückenlied schrieb, war seiner besonderen Lage zu verdanken. Johanna Kapp in der Villa Waldhorn, direkt gegenüber auf der anderen Seite des Neckars, hatte ihm, wie schon Luise Rieter in Zürich, einen Korb gegeben, was ihn zur literarischen Selbstbehauptung aufstachelte.

Was suchte Keller ausser sich selbst sonst noch in Heidelberg? Gelegentlich wanderte er hinaus an die Hirschgasse, wo sich die Studenten die Köpfe blutig mensurierten: «Ich habe auch, um alles zu sehen, einigen Duellen zugeschaut. Ich hatte das Glück, die renommiertesten Schläger zu sehen; übrigens ist es eine greuliche Schinderei!» Am Morgen blieb er gewöhnlich auf seiner Bude und grübelte seinen dramatischen Plänen nach, wenn ihm nicht sein trister Roman in die Quere kam. Am Nachmittag ging er zur Vorlesung, doch nicht selten blieb er auf halbem Wege stecken, wo man ihn dann in einer Kneipe sah, stumm in ein einsames Bier starrend. Ende Januar 1849 schrieb er Wilhelm Baumgartner in einem Anflug von Selbstsicherheit: «Auf Ostern wird endlich mein Roman herauskommen, nächsten Sommer will ich es mit dem Drama versuchen, vielleicht hört ihr Bühnengeschichten von mir. Ich habe einen Plan so ziemlich im Kopf zurechtgelegt, sage aber noch nicht, was. Es sind auch einige angenehme Mädchen in meinen Bereich gekommen, was anmutsvolle Spaziergänge in Aussicht stellt, wenn das „Frujahr kummt".»

An der Universität besuchte er Henles Vorlesungen über Anthropologie und «gewann zum erstenmal ein deutliches Bild des Menschen». Im «Grünen Henry», wie er sein Buch gelegentlich nannte, schildert er die hervorragenden Vorlesungen im Kapitel «Der borghesische Fechter», allerdings nach München verlegt. Aufs lebhafteste angezogen fühlte er sich vom hinreissend begabten Privatdozenten Hermann Hettner, der sich im Vorjahr in Heidelberg habilitiert hatte. Keller hörte bei ihm Ästhetik, Literaturgeschichte und über Spinoza. Zu dem um zwei Jahre jüngeren Gelehrten trat Keller bald in ein nahes persönliches Verhältnis, das sich durch Jahrzehnte in brieflichem Gedankenaustausch fortsetzte.

Den entscheidenden inneren Anstoss erhielt Keller aber nicht in den Hörsälen der Universität. Der atheistische Philosoph Ludwig Feuerbach, der in diesem Wintersemester im Auftrag der Studentenschaft dreimal wöchentlich über das «Wesen der Religion» las, hatte trotz seinen erst vierundvierzig Jahren das Lehramt längst aufgeben müssen. Er sprach nun im vollen Rathaussaal vor Arbeitern, Studenten und Bürgern, unter denen auch Keller sass. «Das Merkwürdigste, was mir hier passiert ist», schrieb Keller an Baumgartner, «dass ich nun mit Feuerbach fast alle Abende zusammen bin, Bier trinke und auf seine Worte lausche. Die Welt ist eine Republik, sagt er, und erträgt weder einen absoluten noch einen konstitutionellen Gott. Ich kann einstweilen diesem Aufruf nicht widerstehen. Mein Gott war längst nur eine Art von Präsident oder erstem Konsul, welcher nicht viel Ansehen genoss, ich musste ihn absetzen. Die Unsterblichkeit geht in Kauf. Für mich ist die Hauptfrage die: Wird die Welt, wird das Leben prosaischer und gemeiner nach Feuerbach? Bis jetzt muss ich des bestimmtesten antworten: Nein! im Gegenteil, es wird alles klarer, strenger, aber auch glühender und sinnlicher.»

Als er später Baumgartner gegenüber sein Bekenntnis wiederholte, mit dem Verzicht auf Gott müsse man auch mit seinem Tod ins reine kommen, fügte er hinzu, er sei jedoch weit entfernt, nun «jeden, der an Gott und Unsterblichkeit glaubt, für einen kompletten Esel zu halten». Und am Ende seiner Heidelberger Zeit gestand er Freiligrath mit der ihm eigenen illusionslosen Aufrichtigkeit: «Als ich Gott und Unsterblichkeit entsagte, glaubte ich zuerst, ich würde ein besserer Mensch werden, ich bin aber weder besser noch schlechter geworden, sondern ganz, im Guten wie im Schlimmen, der Alte geblieben.» Trotzdem ist Keller dann, aus seiner unverwüstlichen Pietät und einer tiefen, bescheidenen Naturfrömmigkeit heraus, zeitlebens dabei geblieben: Das ganze vorübergehende Dasein und die Begegnung mit anderem Vergänglichem – unser aufblitzendes Tanzen im Weltlichte, bald voll Trauer, bald voll Fröhlichkeit – lasse die Ansprüche des Einzelnen nicht aufkommen, während das Gesamtwesen fortbestehe. Doch am Ende ist es eine eigene Weltinnigkeit, getragen von seelischem, sprachlichem Reichtum und einem gütigen Humor, was die schlichte Schönheit seiner Werke ausmacht: «Gott strahlt von Weltlichkeit!»

Der europäische Umbruch der späten vierziger Jahre streifte schliesslich mit einem kleinen Ausläufer auch das friedliche Heidelberg. «Die badische Revolution, welche im Mai 1849 ausbrach und bis im Juli gewährt hat, hat auch meine Finanzverhältnisse abermals verwirrt, denn von Norden – von wo Keller 200 Gulden für ein Heft Gedichte erwartete – ist der Verkehr die ganze Zeit über unterbrochen gewesen.» Die zur Niederwerfung des badischen Aufstandes eingesetzten preussischen Truppen näherten sich der von Revolutionären besetzten Stadt. Doch Keller, der noch wenige Jahre zuvor als glühender Konservativenfresser selber zum Hirschfänger gegriffen hatte, blieb diesmal unbeteiligt. Der einzige Niederschlag der turbulenten Tage war der ziemlich ironische Brief nach Hause: «Ein paarmal kamen die Feinde bis vor die Stadt, dass wir sie auf dem Berg herumlaufen sahen. Sie schossen in unsere Gassen herein, und ein Soldat fiel tot um, nicht weit von mir, auf der Brücke. Ich verfügte mich auf mein Zimmer, aber da war es noch ärger. Die Hausleute flüchteten ihre Habe, weil das Haus am Wasser steht, es waren Kanonen dicht unter meinem Fenster aufgefahren, welche über den Neckar den Feind abhalten sollten. Die badischen Soldaten mussten indes die Stadt verlassen, weil im Rücken eine Schlacht verloren war.»

Was Keller viel tiefer getroffen hatte, war seine eigene Not, die Freundschaft mit Johanna Kapp, von der er Liebe erhofft hatte. Die Familie Kapp, aus der in einer nahen Seitenlinie später der deutsche Kapp-Putschist von 1920 hervorging, wohnte drüben unter dem Philosophenweg, Kellers Zimmerfenster am Neckar fast gegenüber. Durch Hettner war Gottfried Keller bei der Professorenfamilie eingeführt worden.

Johanna Kapp.
Aufnahme um 1844 in Heidelberg.

Noch im Oktober 1849 schrieb er fast triumphierend seiner Mutter: «Ich esse hier viel Trauben mit einer schönen und noblen Jungfer, welche mich in ihrem Garten und Weinberg herumführt.» Anfang November wagte er ein Geständnis an seine Sommergespielin. Mit welchem Erfolg?

> «Die Traube schwoll so frisch und blank,
> und ich nahm froh und frei
> aus ihrer Hand den jungen Trank. –
> Und als die letzte Traube sank,
> da war der Traum vorbei.»

Auch diesmal hingen die Trauben für Gottfried zu hoch. Die schöne Johanna, die bereits in merkwürdiger Verworrenheit einen anderen liebte, machte es ihm zwar leichter als einst die beleidigte Winterthurerin Luise Rieter, was für ihn aber am Ende das gleiche war. «Trotz dem leidenschaftlichen Leben, welches ich seit einiger Zeit geführt, hätte ich doch nicht geglaubt, dass es mir noch so elend zumute sein könnte, als es mir vergangene Nacht und den Morgen darauf gewesen ist.»

Nun hielt ihn nichts mehr in Heidelberg. Am 7. Dezember reiste Johanna, wie einst Keller, nach München, um dort eine tüchtige Landschaftsmalerin zu werden; ihn zog es nach Berlin, wo er seine dramatischen Studien jetzt «auf das praktische Gebiet verpflanzen» wollte. Auf Betreiben Alfred Eschers hatte ihm die Zürcher Regierung tausend Franken für ein Jahr ausgesetzt und die Hälfte im Oktober gleich überwiesen. Gottfried Keller dankte für das Wohlwollen: «Möchte es im Laufe dieses Jahres gelingen, einigermassen zu beweisen, dass das Vaterland nicht umsonst sein Vertrauen in mein Talent und meinen Fleiss gesetzt hat.»

Am 6. April 1850 kehrte er Heidelberg den Rücken, in der Reisetasche die Flöte, ein angefangenes Drama und Entwürfe zum «Henri vert». Auch sein immaterielles Gepäck war nicht leichter geworden. Aus Enttäuschungen hatte er Einsichten gemacht: Gott steckt in der Welt und das Glück in uns selber. Mit tapferer Bereitschaft, sich vom Schicksal weiter in die Schule nehmen zu lassen, wandte er sich Preussen zu. Sozusagen als Epilog zu seiner Heidelberger Zeit schrieb er:

«Und besser ging ich, als ich kam,
vom reinen Feuer neu getauft,
und hätte meinen reichren Gram
nicht um ein reiches Glück verkauft.»

Berliner Episoden

Kellers eigentliche Hoffnung, in Berlin Dramatiker zu werden, hat sich nicht erfüllt. Sein Schauspiel «Therese» ist Fragment geblieben. An Eifer hatte es nicht gefehlt; in Heidelberg sahen wir ihn bemüht, theoretisch in das Wesen der Gattung einzudringen, und in Berlin gehörte er, wenn er etwas Geld hatte, zu den fleissigsten und eifrigsten Theaterbesuchern. Übrigens seien diese Theaterabende mit einer eigentümlichen Strapaze verbunden: «Die guten Berliner Bürgersfrauen und Jungfrauen, zwischen welche ich einsamer Fremdling im Parkett gewöhnlich zu sitzen komme, duften so stark von allen erdenklichen kostbaren Parfüms, dass ich manchmal ganz betäubt werde. Doch erhole ich mich wieder durch die Augen, und ich möchte mir bald zutrauen, einem ansehnlichen Putzmachergeschäft würdig vorzustehen vermittelst der genauen Studien, welche ich in den Zwischenakten an Häubchen und Halskragen aller Art vornehme.»

Was ihm bei anfänglicher Anerkennung dieser und jener Aufführung gleich am besten gefiel, waren die Wiener Komiker: «Ich gehe deswegen auch in das Friedrich-Wilhelmstädtische Theater und vergnüge mich alldort in allen möglichen Dummheiten der Wiener Possen. Wenn die tragische Schauspielkunst täglich mehr in Verfall gerät, so hat sich dafür in der sogenannten niederen Komik eine Virtuosität ausgebildet, welche man früher nicht kannte. Die Wiener Possen sind sehr bedeutsame und wichtige Vorboten einer neuen Komödie.» Ein halbes Jahr später hiess es: «Die Berliner Theatermenschen werden toll vor Dummheit. Sie bringen eine Naivität nach der anderen auf die Bühne. Doch befinde ich mich noch immer vortrefflich bei Shakespeare und Weissbier!»

Das weitaus bedeutendste Ergebnis der Berliner Jahre war seine Wandlung zum Prosaerzähler. Bei Goethe hatte er gelernt, «dass das Unbegreifliche und Unmögliche nicht poetisch ist und dass Schlichtheit und Ehrlichkeit mitten in Glanz und Gestalten herrschen müssen, um etwas Poetisches oder, was gleichbedeutend ist, etwas Lebendiges und Vernünftiges hervorzubringen, mit einem Wort, dass die sogenannte Zwecklosigkeit der Kunst nicht mit Grundlosigkeit verwechselt werden darf». Diese programmatischen Sätze, die zugleich Gottfried Kellers eigene Kunst bezeichnen, stehen im Hauptwerk seiner Berliner Jahre, im «Grünen Heinrich».

In grosser Gesellschaft

Noch in Heidelberg, unmittelbar nach der Abreise von Johanna Kapp, hatte Keller dem Verleger Eduard Vieweg versprochen, «in etwa vierzehn Tagen» werde er ihm das versprochene Manuskript seines Romans übersenden, «entweder das Ganze oder einen Teil». Eine erstaunliche Absicht, wenn man bedenkt, dass noch reichlich fünf Jahre bis zur Vollendung des «Grünen Heinrich» vergehen sollten. Da von Berlin aus die Manuskriptsendungen verspätet oder überhaupt nicht eintrafen, stellte Vieweg endlich mit begreiflicher Ungeduld die Gewissensfrage, und Gottfried Keller entschloss sich im Juli 1851 zu einer «unumwundenen Erklärung»: seit seiner Ankunft in Berlin habe er fast alle erhältlichen Geldmittel zur Tilgung früherer Schulden verwenden müssen und sehe sich gezwungen, «allerlei kleinliche Arbeiten, wie Aufsätze und dgl., sogar Zeichnungen, zu verfertigen, um von einem Tag zum andern kleine Geldsummen zu erwerben». So gehe es über Wochen und Monate. «Wenn ich einmal alle Schwierigkeiten überwunden habe und wenn Sie alsdann noch geneigt sind, meine Sachen zu verlegen, so werden Sie sehen, dass mein bisheriges Verhalten ein zufällig von äusseren Umständen bedingtes und vorübergehendes war.»

Eine Episode aus dieser Zeit drückender Geldmisere hat Keller bereits in den siebziger Jahren in einem Brief ausgeplaudert:

«Ich war schon dreissig und ein oder zwei Jahre alt, als ich dort in der Mohrenstrasse in einem schönen Hause wohnte. Ich war in guter Gesellschaft eingeführt, aber wenig bekannt, geriet in Geldverlegenheit und konnte nicht mehr studentisch verfahren, verstand nicht einmal, auf gute Art ein Mittagessen zu borgen. So hatte ich mich mit wenig Münze hinausgeschwindelt, um die endliche Geldankunft zu erharren, die nicht mehr lange ausbleiben konnte. So besass ich eines Abends noch fünf Silbergroschen, als mich ein Bildhauer in die Wagnersche Bierkneipe abholte, wo verschiedene damalige Notabeln sassen, unter andern der verstorbene Melchior Meyr, die nicht recht wussten, was sie aus mir machen sollten, und unter sich sagten: Was ist denn das für ein Schweizer? Was tut der hier usw.? Ich trug nur Sorge, dass ich noch *einen* Groschen übrigbehielt, indem ich dachte, du kannst morgen mittags noch ein Brötchen dafür kaufen, so geht der Tag hin! Richtig, am andern Mittag überzeuge ich mich, dass das Luder noch da sei, gehe in einen grossen Bäckerladen in der Nachbarschaft und nehme einen Groschenwecken, gebe den Groschen. Die lange, etwas verdriessliche, aber elegante und angesehene Bäckerstochter, die mich gewiss alle Tage vorübergehen sah, besieht den Groschen; die Kellnerin vom vorigen Abend hatte mir einen ungültigen, verrufenen Gröschling irgendeines deutschen Raubstaates gegeben, was ich nicht wusste und verstand. Die Bäckerin sagte: „Der wird nicht genommen, es ist ein falscher!" Ich habe keinen anderen und muss das Brot wieder aus der Hand geben und mich aus dem Laden drücken mit meiner Esslust, während die Person mich vom Kopf bis zum Fusse betrachtet. Ich fühlte mich zwiefach beschimpft, von der betrügerischen Kellnerin wie von der borniertenBäckerin, der es nicht einfiel, an eine Notlage zu denken, und nur froh war, nicht das Opfer eines listigen Kumpans geworden zu sein. Ich brachte den Tag ungegessen zu und musste am andern Morgen dann doch Geld borgen, was viel leichter von statten ging, als ich geglaubt hatte.»

Das zweite Reisestipendium war längst aufgezehrt, und die Vorschüsse auf den «Grünen Heinrich» brachten bei allem Bitten und Betteln auch nicht mehr viel. Da bewilligte die

Zürcher Regierung im März 1851 ein nochmaliges Stipendium von fünfhundert Franken.

Zu den entscheidenden Ereignissen in Kellers Berliner Zeit gehörte seine Aufnahme in den «Salon» des abgehalfterten siebzigjährigen Diplomaten Karl August Varnhagen von Ense im gräflichen Königmarckschen Hause Mauerstrasse 36, wo er eine herrschaftliche Etage belegte. Damen aus den ersten Familien und mit den alten historischen Namen, ältere hohe Staatsbeamte, Militärs, Schriftsteller und Künstler trafen sich da zum Fünfuhrkaffee mit einem abschliessenden Gläschen Süsswein. Von Kellers Bedrängnis wussten die Damen und Herren, denen Wohlstand eine Selbstverständlichkeit war, kaum etwas, und Gottfried klagte nicht. Arrangiert wurde der korsettsteife Zirkel jeweils von Ludmilla Assing, Varnhagens Nichte, Hofdame und Haushälterin. Sie war von fanatischer jungdeutscher Gesinnung, huldigte der Frauenemanzipation und verehrte George Sand als Hohepriesterin des Feminismus. Varnhagen, einst preussischer Minister, verwundet in der Schlacht bei Wagram und Teilnehmer am Wiener Kongress, war ein vielseitiger Schriftsteller, der als Doppelbegabung gleich Keller erstaunlich gut zeichnete und aquarellierte.

Gottfried Kellers Ruf als «schweizerischer Dichter deutscher Nation» war ihm auf unwürdige Weise vorausgeeilt. Sein Heidelberger Verleger Anton Winter hatte dem einflussreichen Varnhagen heimlich ein Exemplar von Kellers frühen Gedichten geschickt, mit einem Begleitbrief, den er als von der Hand des Autors vorschwindelte. Varnhagen als «Statthalter Goethes auf Erden» dankte dem überraschten Dichter in einem langen, achtungsvollen Brief, der als erstes Echo aus der grossen literarischen Welt Kellers bedeutende Begabung herausstrich. Der pfiffige Berliner – Keller hatte ihn in einem Brief einmal vorahnend «Harnwagen» genannt – besass «neben den ungewöhnlichen Gaben des Kopfes weder Überzeugung noch Gewissen». Seine Altersjahre verbrachte er damit, in Tagebüchern und Korrespondenzen den kleinlichsten Klatsch über den Hof und die Gesellschaft anzuhäufen, und Ludmilla Assing war taktlos genug, diese Intimitäten und

Indiskretionen nach dem Tode ihres Onkels alsogleich zu veröffentlichen. Keller wird darin mit Notiz vom 30. März 1854 als ein eigentümlicher, gehaltvoller Mensch geschildert, «aber für die Welt etwas verschroben, nicht ganz brauchbar zugerichtet», was fünfzehn Jahre später jedermann gedruckt nachlesen konnte. Doch derselbe Tagebucheintrag brachte auch eine sehr einsichtige Würdigung des eben erschienenen «Grünen Heinrich»: «Es ist ein Roman, wie Rousseaus Bekenntnisse einer ist, voll Psychologie, unbeabsichtigter Pädagogik, frischer Naturbilder, alles in edler, höherer Haltung.»

Von da an war Keller öfters an Varnhagens grossen runden Kaffeetisch geladen. Als kleiner, bärenhaft brummliger Eidgenosse blieb er ein vielbestaunter Fremdling im Zirkel der geschliffenen Berliner Gesellschaft, die sich gerne zur Intelligenz rechnete. Er machte die Bekanntschaft von Kleists Freund, dem alten, ungemein lebhaften General Ernst von Pfuel, seit 1848 preussischer Ministerpräsident; dazu gesellten sich Max Ring, Adolf Stahr mit seiner Geliebten Fanny Lewald, dieses «vierbeinige zweigeschlechtliche Tintentier». Aber auch die bewundernswürdige Schauspielerin Wilhelmine Schröder-Devrient und Ferdinand Lassalle, dessen «Unrichtigkeit in seinem ganzen Wesen» Keller verabscheute, gehörten zum Zirkel. Einige Jahre darauf kam es dann im Restaurant Schwan in Hottingen zu jenem spiritistischen Abend, an dem Lassalle von Keller als Lump und Gauner bezeichnet und mit einem Stuhl bedroht wurde. Wen Keller einmal nicht leiden konnte, hatte auch später keine Chance bei ihm.

Für Varnhagen bewahrte Keller eine lebenslange grosse Verehrung, nicht zum mindesten für den vorzüglichen Prosaisten, dessen Darstellung «Das Fest des Fürsten von Schwarzenberg» er für ein unvergleichliches Meisterstück hielt. Sein Briefwechsel mit Ludmilla Assing, die ihn verehrte und geschickt, aber geschleckt porträtiert hatte, wurde nach der Veröffentlichung von Varnhagens Tagebüchern immer einsilbiger und ironischer. In den sechziger Jahren kam sie zwar noch oft nach Zürich, da ihr hier wegen der Herausgabe der nicht enden wollenden Tagebücher ihres Onkels ein Prozess mit einer Buchhandlung zu schaffen machte. Zwei der vierzehn

Bände veröffentlichte die literarische Plaudertasche bei der Zürcher Verlagsbuchhandlung Meyer und Zeller am Rathausquai. Das Unternehmen, das später an den Prokuristen Eduard Rascher überging, gehörte damals dem geflohenen sächsischen Freiheitskämpfer August Reimmann.

Anders als der Salon Varnhagens war jener des Verlegers Franz Duncker, ein geselliger Kreis literarischer Persönlichkeiten, die alle mehr oder weniger antireaktionär gesinnt waren. Duncker hatte frühe Arbeiten von Karl Marx veröffentlicht. Keller fühlte sich von Anfang an und namentlich durch die herzhafte, gerade Natur Frau Lina Dunckers angezogen, einer niederrheinischen Gutsbesitzerstochter, obwohl sie offenbar ohne weibliche Anmut war, im Gegensatz zu ihrer stolzen Schwester Betty Tendering, die Keller tüchtig den Kopf verdrehte. Frau Duncker hatte mit sicherem Instinkt erkannt, dass in diesem kleinen Manne ein grosser Mensch und Dichter steckte. Die Dunckers bewohnten in der Johannisstrasse beim Oranienburger Tor ein ebenso vornehmes wie phantastisches Haus: einstöckig, im Rokokostil, zwischen Hof und Garten. Sein früherer Besitzer Graf von Ross, ein Onkel der Frau Duncker, hatte darin ein chinesisches, ein indisches und ein griechisches Zimmer eingerichtet. In diesen und in einem grossen Saal spielten sich die mit trefflicher Bewirtung, Musik und Tanz angenehm garnierten, unzeremoniellen Gesellschaftsabende ab. «In einer Ecke des chinesischen Zimmers, durch den offenen Rahmen der Salontüre sichtbar, schweigsam über seinen Teller gebeugt, ein ganz in sein Geschäft vertieftes Männlein mit grossem Kopf und mächtiger Stirn, aber kurzem Unterkörper», beschrieb der Jurastudent und spätere Verleger Julius Rodenberg seine Begegnung mit Keller. Sie waren dann im vielbesuchten Café d'Heureuse oft zusammen, und Rodenberg gab den Eindruck in folgenden Sätzen wieder: «Er sprach nicht viel und niemals von und über sich. Auch von seinem Humor war kaum etwas zu bemerken. Man konnte nichts aus ihm herausbringen, und doch liebten wir Jüngeren den seltsamen, verschlossenen Mann und hatten einen instinktiven Respekt vor ihm, wiewohl wir nichts von ihm kannten als ein paar Gedichte.»

Im übrigen hatte der Schweigsame die üble Seite des ehrgeizigen Berliner Literaturbetriebes bald entdeckt, und sie widerte ihn mit elementarer Heftigkeit an. Das bewusste, eitle und gedankenarme «Literaturmachen», die Skribenten und Blaustrümpfe hat er in den «Missbrauchten Liebesbriefen» lächerlich gemacht. Er verglich die gesellschaftlich und künstlerisch gewandten Literaten mit «eleganten Schneidern, welche zu ihren Kunden gehen». Er brauchte immer einen Groll zu seiner Existenz. Dahinter steckte die nie ganz beruhigte Empfindung seiner eigenen gesellschaftlichen Unbegabung. So gab Keller im Kreis Duncker nur eine Art von Gastrolle. Von einer gewissen Zeit an wurde er dort nicht mehr eingeladen, was ihn verletzte. Die feinfühlige Hausfrau antwortete später, er habe sich augenscheinlich in der Gesellschaft nicht wohlgefühlt, weshalb sie ihm solche Unannehmlichkeiten ersparen wollte.

Hilfe aus der Heimat

Seine Mutter hatte schon anderthalb Jahre nichts mehr von ihm gehört. Da rang er sich auf Silvester 1851 zu einem Gedicht durch, das er aber nie abschickte:

> Ich schmiede Verse, schreibe Bücher,
> Ich schreibe Wochen, Monden lang,
> Lass' Helden grosse Worte sprechen,
> Stets gibt die Schelle ihren Klang.
>
> Ich schreibe an gelehrte Freunde,
> An zier- und geistbegabte Frau'n
> An lebensfrohe Witzgenossen,
> Weiss alle leichtlich zu erbau'n.
>
> Nur wenn ich an die ungelehrte
> Und arme Mutter schreiben will,
> Steht meiner Torheit fert'ge Feder
> Auf dem Papiere zagend still.

Da gilt es erstlich, gross zu schreiben
Und deutlich für das Mutterauge,
Dass für das alternd' tränenblöde
Des Söhnleins Schrift zum Lesen tauge.

Und dann – o welche schmerzenvolle
Und schwere Kunst! – das Wort zu wählen,
Das schlichte Wort, das Hoffnung spendet
Und wahr ist mitten im Verhehlen!

Hemmt euren Lauf, geschwätz'ge Reime,
Die ihr mich meiner Pflicht entzieht! –
Bald lern' ich nun gefühlvoll dichten!
In Tränen schrieb ich dieses Lied.

Es vergingen nochmals sieben Wochen, bis er auf einen Brief der Mutter Antwort gab. Aus einer Anzeige in der «Eidgenössischen Zeitung» hatte die Mutter vom Erscheinen des Bändchens «Neuere Gedichte» bei Vieweg erfahren. «Gott Lob und Dank, es ging mir doch wieder einmal ein Licht der Ermunterung auf», schrieb sie nach Berlin. In einem längeren Brief vom 18. Februar 1852 entschuldigte sich Gottfried, empfahl der Mutter, das Haus am Rindermarkt zu verkaufen, und berichtete dann von seinen Sorgen und Nöten in diesem «Saunest».

«Mit den Hemden bin ich auch in Verlegenheit, ich habe mir schon ein paarmal einige baumwollene gekauft, da die leinenen, welche ich von Haus habe, teils des Schnittes, teils der Grobheit wegen in der Gesellschaft nicht zu tragen sind; denn es wird hier mit der Wäsche ein schändlicher Luxus getrieben. Feine leinene mochte ich nicht anschaffen, da die Hausfrau, welche mir wäscht, alles zusammenreisst und doch nicht schön wäscht; sie lässt um den Teufel keine fremde Wäscherin ins Haus, welche die Sachen doch weiss und glatt machen fürs Geld, wenn sie dieselben schon auch zerreissen. Einzig das Hemd, welches eine breite Brust ohne Falten hat, trage ich auch, wenn ich wohin eingeladen bin, da es wegen seines wunderbaren Schnittes Aufsehen erregt. Als mich ein Frauenzimmer befragte, ob man in der Schweiz solche Hemden trage, sagte ich, ja, es sei ein schweizerisches Nationalhemd, und als solches darf ich es in den vornehmsten Gesellschaften tragen, da das Fremdländische immer nobel ist.

Inliegenden Brief bitte ich in den Briefeinwurf zu tun. Ich weiss noch nicht, ob ich frankieren werde, da ich gegenwärtig nicht sehr viel Geld habe. Ich will mich über Nacht noch besinnen...»

In der Nachschrift heisst es noch: «Das Nationalhemd geht nun auch bergab, da ich hinten den Hemperstock verkürzen musste, um Salblumen zu gewinnen!»

Mit «inliegendem Brief» wandte sich Keller einmal mehr an den Regierungsrat um ein weiteres Stipendium von sechshundert Franken, was ihm auch bewilligt wurde. Allerdings hätten die Behörden von ihrem «Staatsstipendiaten», wie Keller zu seinem Ärger im Berliner Fremdenblatt verzeichnet war, gerne etwas von den versprochenen Werken gesehen, beispielsweise ein Stück, das man am Zürcher Actientheater an den Unteren Zäunen hätte aufführen können. «Es will dem Erziehungsrat überhaupt scheinen», heisst es im Brief des Bürgermeisters Alfred Escher, «dass Sie sich eher zu wenig als zu viel zutrauen. Wenn dies auch Ihrer Bescheidenheit alle Ehre macht, so dürfen Sie nicht aus den Augen verlieren, dass, wenn Ihre Erzeugnisse vor dem strengen Gericht Ihrer selbst nicht voll bestehen, sie vielleicht bei anderen viel mehr Gunst zu erwerben geeignet sind.» So war es: Der Regierungsrat hatte die Situation und das Wesen ihres Stipendiaten erkannt und den so lange Schweigenden nicht aufgegeben.

Im Herbst 1853 war Keller einmal mehr hoffnungslos verschuldet. Schliesslich gestand er seine Notlage dem Zürcher Arzt Dr. Christian Heusser, dem Bruder von Johanna Spyri, der eben nach der Heimat aufbrach. Dieser zog Männer wie den späteren Bundesrat Jakob Dubs und den Regierungspräsidenten Alfred Escher ins Vertrauen. Keller sollte zuerst einmal ein genaues Verzeichnis seiner Verpflichtungen in Zürich, Heidelberg und Berlin zusammenstellen. «Vergiss unter den Berlinern», mahnte Heusser, «auch den Schneider W. an der Dorotheenstrasse nicht», denn von dem hing der gute Ruf der Schweizer in Berlin wesentlich ab. Dann machte sich Dubs ans

Werk: Bei vertrauten Freunden verkaufte er à fonds perdu sechs Aktien zu dreihundert Franken «zum Zweck der Loseisung des Bedrängten». Ein Nationalrat, Andreas von Planta, zeichnete nur unter der Bedingung, dass Keller eine Ode auf die geplante Lukmanierbahn schreibe. Im Frühling traf das rettende Geld in Berlin ein, es reichte gerade zur Tilgung der Passiven. Aber Gottfried kehrte noch nicht heim, und die Ode, die ihn lange plagte, schrieb er nie; aber er kaufte später alle auf seinen Kopf ausgegebenen Aktien von seinen «Hauptaktionären» zurück.

«Ich sitze noch immer in Berlin...»

Der Plan zum «Grünen Heinrich» keimte in Keller bereits einen Monat nach seiner Heimkehr aus München, als er noch immer mit der Malerei liebäugelte. Lange trug er seinen Entwurf ungestaltet in sich herum. Mit des Dichters fortschreitender Entwicklung wuchs er nicht nur an Stoff und Umfang, sondern mehr noch an Tiefe und Gehalt. Anfangs als ein romantischer Künstlerroman etwa im Stile von Mörikes «Maler Nolten» gedacht, weitete sich das Projekt zum Sammelbecken für alles, was der innerlich wachsende Mensch an Weltanschauung und Kunsteinsicht in sich aufnahm. Der «Grüne Heinrich» geht nicht mehr in der Malkunst, sondern in der Lebenskunst auf. Die grosse Wandlung und Vertiefung des Romans, die Lebensfülle und die gütige Menschlichkeit sind eng mit den Namen Goethe und Feuerbach verknüpft. Die äussere Entstehungsgeschichte ist eine Tragikomödie, wie sie Keller selber grotesker nicht hätte ausdenken können.

Seine finanzielle und innere Notlage wurde nur zeitweilig durch wiederholte Vorschüsse seines reichen Verlegers gemildert, der aber allmählich ungehalten wurde, weil Keller die vereinbarten Ablieferungstermine nicht einhielt. Fünf volle Jahre zog sich der Druck hin. Im März 1854 schrieb die Mutter an Gottfried: «Die drei Bände Deines Romans haben uns beide sehr angesprochen, besonders da der Hauptinhalt meistens Dein Jugendleben, Deine Buben- und Schulgeschichte betrifft. Mit besonderem Wohlgefallen las ich die Erinnerungen und die Gedenkzeichen Deines teuren, unvergesslichen Vaters. Regula wurde zwar empfindlich, dass nirgends eine Erwähnung von einer Schwester sich findet. Man könnte daraus schliessen, als würdest Du Dich schämen, sie als Deine Schwester zu betrachten.»

Einen Monat später kam die Antwort: «Es ist eine originelle Idee von Regula, dass sie glaubt, ich schäme mich ihrer und hätte deshalb ihrer in dem Buche nicht gedacht. Ich glaubte doch, über einen solchen Argwohn hinweg zu sein in meinem Alter und mit meinen Erfahrungen. Ich habe mit dem Roman einen ganz bestimmten Zweck, welcher sich erst im vierten Band zeigt, und nach welchem ich keine Schwester brauchen konnte.»

Wie sehr sich Keller mit diesem letzten Band abmühte, geht aus verschiedenen Briefen hervor. Im Oktober 1854 schrieb er an Hettner:

«Ich sitze noch immer in Berlin, schändlicherweise aus dem einzigen Grunde, weil ich den vierten Band noch nicht fertig habe! Es ist eine skandalöse Sache mit diesem verfluchten Alp von Roman! Ich darf nichts anderes schreiben, bis er abgeliefert ist, und doch mag ich ihn zeitweise gar nicht ansehen, und die Buchhändler, Vieweg wie andere, verderben einem die Laune noch ganz! Was ich denn tue? Ich mache Sachen fertig im Gedächtnis, da ich nicht schreiben darf, und fabriziere mit dem grössten Pläsier Dramen, Novellen, Gedichte und alles mögliche, was ich alles schreiben werde.»

An Freiligrath Ende Jahr:

«Ich hatte das Buch nach nicht subjektiver und unwissender Lümmelzeit angefangen und den Druck beginnen lassen, ohne zu bedenken, was ein Roman eigentlich ist. Ich blieb bald stecken, von den Dingen angeregt, und gab dem Verleger mein Wort, vor Beendigung nichts anderes zu beginnen. So kam ich in die seltsame Situation, alle Projekte und guten Dinge unterdrücken zu müssen, während es mir ganze Vierteljahre unmöglich war, den verfluchten Strickstrumpf auch nur anzurühren. Durch dies geriet ich in allerlei bedenkliche Zustände, welche nun bald abgewickelt sind, und ich lebte hier wie in einer Büsserzeit und Verbannung. Es gibt auch keinen bessern

Bussort und Korrektionsanstalt als Berlin, und es hat mir vollkommen den Dienst eines pennsylvanischen Zellengefängnisses geleistet, so dass ich in mich ging und mich während dieser ausgesucht hundsföttischen Jahre zu bessern würdig machte. Trotzdem sehne ich mich sehr nach Hause und nach frischer Luft. Wenn man schlechte Luft atmet, so kann man trotz aller Einsicht doch keine gute Figur machen.»

Im Januar 1855 an Hettner:
«Ich stehe jetzt täglich um fünf oder sechs Uhr auf und gehe um zwölf zu Bett und verbrenne wöchentlich für zweiundzwanzig Silbergroschen Öl.»

Und vier Monate später:
«Ich habe erst vor sechs Wochen das letzte Kapitel meines Romanes und zwar am Palmsonntag buchstäblich unter Tränen geschmiert und werde diesen Tag nie vergessen. Nachdem mich nun Vieweg fast gefressen um das Manuskript, lässt er den vierten Band ruhig liegen und vorenthält mir jede Antwort und billige Abrechnung.»

Doch fünf Tage darauf, Mitte Mai, verschickte Vieweg den Schlussband des «Grünen Heinrich». Eine enttäuschende Honorarabrechnung folgte: nur noch dreiundvierzig Taler standen für Keller offen. Dabei blieb es, trotz Kellers höflichem Protest.

Auch seine Hoffnung auf eine baldige zweite Auflage erfüllte sich nicht. Im Gegenteil. Im grimmig kalten Winter 1879/80 – in seiner Stube bringe er es nie über acht Grad Réaumur und Regula in der ihrigen gar nur auf vier Grad! – da verheizte er die dreimal hundertzwanzig Bände I–III des «Grünen Heinrich», die er von Vieweg zurückgekauft hatte, im Ofen, was offenbar auch in dieser Richtung nicht zum gewünschten Erfolg führte.

Abzug in Frieden und Anstand

Ein Jahr wollte Keller in Berlin bleiben, fast sechs Lunger- und Hungerjahre sind es geworden. Zuerst wohnte er in der Mohrenstrasse 6 «in einem schönen Hause», ab Herbst 1854 an der «Bauhofstrasse Nr. 2 bei Schmidt». Diese Adresse hatte er dem ihn bedrängenden Vieweg einige Monate lang verheimlicht. Hier hielt er es dann bis ans Ende seiner Berliner Tage aus. In der stillen Bauhofstrasse, die sich vom Hegelplatz zum Kupfergraben zieht, ist 1929 am Hause Nr. 2 eine heute noch vorhandene Gedenktafel angebracht worden: «In diesem Hause wohnte in den Jahren 1854/55 der Dichter Gottfried Keller. Seinem Andenken die Stadt Berlin.»

Erst 1941 wurde nachgewiesen, dass Keller hier niemals gewohnt hat. Die Bauhofstrasse ist mit dem bereits 1872 verschwundenen «Bauhof» verwechselt worden, einer kurzen Verbindung zwischen Dorotheen- und Bauhofstrasse, dort, wo heute der Hegelplatz mit der grossen Platane über dem Hegeldenkmal liegt. Auch das Haus in der Mohrenstrasse, in dem Keller bis 1854 wohnte, steht heute nicht mehr, stellte Paul Rilla 1943 in seinem Buch «Über Gottfried Keller» fest.

Es waren neben der Finanzmisere moralische Schulden, die Keller noch den ganzen Sommer und Herbst über in Berlin festhielten. In mehreren Briefen musste ihn die Mutter überzeugen, dass sie gerne bereit sei, ein Kapitalbriefchen vom verkauften Haus aufzubrechen, um ihm die Rückkehr zu ermöglichen. Erst am 11. November 1855, von Heimweh geschüttelt und gerüttelt, griff er zu: «Ich werde krank, wenn ich noch lange hier bleiben muss.» Fünf Tage darauf traf, mit Hilfe von Finanzdirektor J. J. Sulzer, ein Wechsel über 630 Taler ein. Mit erleichtertem Herzen versicherte Gottfried, er werde nun in Zürich «eine ordentliche und regelrechte Industrie betreiben». Rohstoff habe er genug angesammelt während der sieben Jahre in der Wüste.

Beim Abschiedsbesuch im Varnhagenschen Hause erzählte der Aussprachebedürftige nur von seiner enttäuschten Liebe zu Johanna Kapp, um sich seine Schwäche für Betty Tendering nicht anmerken zu lassen. Noch schwerer fiel ihm die Trennung von der Familie Duncker, da er einmal einen Freund der Familie als «abscheulichen Menschen» bezeichnet hatte. Er bat brieflich «herzlich um Verzeihung» und meinte dann: «Da ich von den hiesigen sozialen Übelständen nun befreit bin, so wünsche ich wenigstens da, wo ich eine Zeitlang gerne hingegangen bin, mit äusserlichem Frieden und Anstand abzuziehen. – Grüssen Sie auch das Fräulein Tendering von mir.» Frau Duncker schickte dem schwierigen Hausfreund eine warmherzige, verständnisvolle Antwort, der sich ein jahrelanger Briefwechsel anschloss. Erst Jahrzehnte später äusserte der Mürrische den unbegründeten Verdacht, die Freundlichkeit der Verlegersfamilie Duncker und vor allem des Fräuleins Tendering sei nur dagewesen, um ihm ein Manuskript für ein Buch herauszulocken.

Die Zeit zwischen der Fertigstellung des «Grünen Heinrich» und seiner Heimkehr hatte er übrigens keineswegs verbummelt. In diesem Sommer und Frühherbst 1855, den Wochen und Monaten seiner ärgsten Liebesbedrängnis, der Wirtshausexzesse und der nächtlichen Prügeleien wegen der schönen Betty, schrieb er den ersten Band der «Leute von Seldwyla» in einem Zug und druckfertig. Pankraz der Schmoller erweist sich als ein Geistesverwandter des grünen Heinrich, und neben ihm hat als muntere Schwester Estherchen nun auch Regula Keller ihren Platz gefunden. Vor allem aber wuchs hier – im «Pankraz», in «Frau Regel Amrain» und im «Spiegel» – ein Element aus Kellers Erleben: der Typus der Frau, um die geworben wird.

Am 8. Juli 1855 hatte er seinem Verleger Vieweg ein Drittel des Manuskriptes vorgelegt, am 6. Oktober schickte er die letzten Seiten nach Braunschweig. Der ganze schimmernde Zug unvergesslicher Gestalten – Pankraz und die schöne Lydia, der brave Sali und sein liebliches Vreneli, Frau Regel mit ihrem Mannsvolk, Züs Bünzli, ihre tragikomischen Liebhaber und der Stadthexenmeister Pineiss mit seinem schlauen Kater Spiegel – wurden nun gewissermassen als Anhang dem «Grünen Heinrich» nachgeliefert. Ein psychologisches Rätsel? Gottfried, der Unschlüssige, als Schnellschreiber? Er hat die Lösung dazu selber gegeben in jenem Brief an Hettner: wegen der Vereinbarung mit seinem Verleger, jetzt nur an seinem Roman und nichts anderes zu schreiben, denke er sich im Kopf für die Zukunft bereits ganze, fertige Geschichten aus. Dasselbe berichtete er Freiligrath, der jetzt Bankdirektor in London geworden war: «Ich habe Vieweg doch eine Posse

«*Das Fähnlein der sieben Aufrechten*», Radierung von Burkhard Mangold, 1906.

gespielt und, ohne etwas zu schreiben, mir eine wohlgeordnete und organisierte Produktionsreihe ausgeheckt.»

Und der Erfolg? Im Januar 1856 kamen die ersten Seldwyler Novellen in den Buchhandel, von einer Reihe glänzender Besprechungen begleitet. Allen voran jene von Berthold Auerbach, dem neben dem eben verstorbenen Gotthelf meistgelesenen Autor deutschsprachiger Dorfgeschichten. In der damals führenden «Augsburger Allgemeinen Zeitung», aus der jeder Zürcher Redaktor täglich die neuesten Auslandsmeldungen herausschnitt, schrieb der gute Auerbach: «Es ist ein Elend und eine Schande, dass ein solcher Poet, der mehr ist als wir Mitlebenden alle, nicht mit Begeisterung aufgenommen und hochgehalten wird.» Nach einem weiteren dicken Lob des Deutschen bemerkte Keller ironisch, er könne sich bald als «Auerbachs Keller» ausgeben. Trotzdem war die erste Auflage von 500 Exemplaren der «Seldwyler» nach zwanzig Jahren noch nicht völlig vergriffen. Und als die Zürcher «mit Lied, Fackelzug und Becherklang» seinen fünfzigsten Geburtstag feierten, hatten die wenigsten etwas von ihm gelesen.

Für die Verleger war der Keller indessen eine grosse, neue Hoffnung geworden. Und er war voller Pläne und Tatendrang. Noch in Berlin schloss er mit Franz Duncker einen Vertrag über die «Galathea-Novellen», die aber erst fünfundzwanzig Jahre später erschienen, als «Sinngedicht» in einem anderen Verlag. Ende 1856 bezog er von Vieweg einen Vorschuss für die Fortsetzung der Seldwyler Geschichten: 200 Taler, auf sehr lange Zeit das einzige grössere Honorar. Doch das Werk erschien erst 1873 und 74, gegen Rückerstattung des doppelten Betrages, bei einem anderen Verleger. Aus Gottfrieds gutgläubiger Berliner Versicherung an seine Mutter: «Ihr werdet einen Mann im Hause haben, der einen hübschen Verdienst hat», sollte abermals nichts werden – auf sechs Jahre hinaus, «in denen der grüne Buttertopf überall seinen Grund durchblicken liess.»

Auf dem Heimweg folgte Keller einer Einladung nach Dresden, wo Hermann Hettner Professor an der Technischen Hochschule geworden war. Damit ging Kellers grosse und entscheidende Auslandszeit zu Ende. Er schrieb später: «Wenn auch ein schlechter, so war ich bei der Dicke des Romans nun doch ein Schriftsteller und begab mich mit dieser verspäteten Jugendstudie wieder über den Rhein zurück.»

Mit ungetrübter Wiedersehensfreude, fast genau auf den Tag, an dem seine Mutter achtundsechzig wurde, traf er in Zürich ein. Im ersten Brief, den er von hier aus schrieb, berichtete er Frau Duncker, er habe (trotz der eben grassierenden Cholera) Mutter und Schwester wohl angetroffen. «Beide hatten grosse Freude, als ich kam, aber ich habe ihnen auch nicht im mindesten imponiert!»

Der Herr Staatsschreiber

«Ein lebendiger, kleiner, etwas beleibter Mann mit freundlichen, geistreichen Augen. – Er galt als Original mit stadtbekannten Besonderheiten, ein Original freilich, dessen Tüchtigkeit in allen Volkskreisen hohe Anerkennung fand. – Als Leiter der Kanzlei verlangte er, dass alle Dokumente nicht nur stilistisch, sondern auch kalligraphisch einwandfrei waren. – Er besass die hohe Gabe, aus den langfädigen Voten gewisser Ratsherren das Entscheidende herauszuhören und so knapp zusammenzufassen, dass sein Protokoll klarer war als das Gesprochene.»

Wer erkennt nicht sogleich den Zürcher Staatsschreiber Gottfried Keller in diesem Lob seiner Zeitgenossen? Aber falsch geraten: nicht er, sondern der eidgenössische Kanzler Johann Ulrich Schiess war damit gemeint. Die Übereinstimmung zwischen den beiden war frappant, und sie betraf nicht nur das Äusserliche. Auch Schiess war ein musisch begabter Mensch, ein Kenner der vaterländischen Literatur und damit ein vorbehaltloser Verehrer des Zürchers. Aus seinem Mund stammt das Wort, das seither wie ein Haussegen über jeder Schilderung von Kellers Staatsschreiberzeit thront: er sei der beste und zuverlässigste Staatsschreiber der Schweiz gewesen. Keine Biographie des Dichters kommt um diesen amtlichen Echtheitsstempel herum: der kleine, verblasene Nichtsnutz ist zum untadeligen Diener seines Staates aufgestiegen. Aber hatte sich der Bundeskanzler im Wellenschlag der Begeisterung und des herzlichen Verstehens nicht vielleicht zu einem grösseren Lob hinreissen lassen, als es der Beamte Keller eigentlich verdient hätte?

Sicher ist, dass Gottfried Keller von seinem Schreiberamt keineswegs begeistert war. Er liess sich eher in diese Position hineinstossen, als dass sie ihn angezogen hätte. Wohl möglich, dass ein frühes Erlebnis in ihm unbewusst den Wunsch erwachen liess, «es den Herren einmal zu zeigen». Bei seiner Ausreise nach München, im Frühling 1840, hatte der ungeduldige Kunstjüngling mit der Zürcher Staatskanzlei seinen ersten Ärger gehabt. Von seinem Zwischenhalt in Frauenfeld schrieb er am 1. Mai nach Hause, durch die «verfluchte Nachlässigkeit» des Staatsschreibers sei sein Reisepass versehentlich nach Italien statt nach München visiert. «Jemand Männlicher», so mahnte er die Mutter, möge das verunglückte Dokument auf die Staatskanzlei tragen, «dem Staatsschreiber den Zopf machen» und für ebenso schleunige wie kostenlose Berichtigung sorgen. Es muss sich um einen dummen Flüchtigkeitsfehler gehandelt haben; die heute im Staatsarchiv liegenden Passkontrollbücher enthalten die korrekte Eintragung, Herrn Gottfried Keller von Glattfelden, Kunstmaler, sei am 24.4.1840 ein für ein Jahr gültiger Pass nach München ausgestellt worden. Am 4. Mai antwortete die Mutter: «Heute erst erhielt ich den Pass wieder. Das Ding ging nicht so schnell. Der Kanzleischreiber sagte, er lasse Dich grüssen, und es sei ihm leid für Deine Verspätung.»

Der Empörte ahnte natürlich keineswegs, und er wäre wohl auch darüber erschrocken gewesen, wenn er gewusst hätte, dass er dereinst, noch einmal so alt geworden, selber auf dem Stuhl des gescholtenen Beamten sitzen würde, um Zehntausende von Pässen zu unterzeichnen. Es war sichtbare finanzielle Not, aber auch noch etwas ganz anderes, was ihn schliesslich bewog, seine geübte Feder in den papierenen Dienst der Öffentlichkeit zu stellen. Zwei, drei ehrenvolle Angebote hatte er trotz grösster Bedrängnis bereits ausgeschlagen. Im Februar 1854 hatte er an Nationalrat Jakob Dubs aus Berlin geschrieben, er denke vorerst in Zürich seine «ungerecht beurteilte Persönlichkeit» herzustellen und dann, «wenn es nötig sein sollte, vielleicht eine bescheidene Stelle in der Stadtverwaltung zu versehen, ich bin im Grunde gar nicht so unpraktisch wie man glaubt». Damit antwortete er auf einen

Brief aus der Sitzung der Bundesversammlung vom 7. Februar 1854, in dem ihm Dubs am geplanten Polytechnikum eine Professur für Literatur angetragen hatte. Auch zur Übernahme der Sekretärstelle des Kölner Kunstvereins liess er sich nicht beugen.

Bald darauf, von Hunger und einer Herzensangelegenheit geplagt, «hochfahrend, bettelarm und verliebt zugleich», beschloss er, die «Korrektionsanstalt» Berlin fluchtartig zu verlassen. Die Mutter musste «zur Lösung seiner Verbindlichkeiten» das bescheidene Kapital anbrechen, das ihr im Herbst 1852 vom Verkauf des Hauses am Rindermarkt an den Bratwurster Heinrich Maag als Altersgroschen übriggeblieben war. Gottfried versprach ihr dafür, von Stund an nach seiner Rückkehr den Haushalt zu übernehmen, den Mietzins zu bezahlen und alles «durch den Bach zu schleiken».

Es war kurz vor Weihnachten 1855 – Gottfried Keller stand schon in der Mitte seines Lebens –, als er nach sieben mageren Jahren heimkehrte. Nicht als verlorener Sohn, es fehlte auch am Vater und am Geld, um ein Kalb zu schlachten. Gottfried kam nicht mit leeren Händen, mit dem «Grünen Heinrich» und den ersten Seldwyler Geschichten hatte er sich in Berlin einen Namen gemacht, und sein Kopf steckte voller Pläne. Er traf seine Mutter – sie wohnte jetzt an der Gemeindegasse in Hottingen zur Miete – «auf dem alten Sorgenstühlchen ohne Lehnen, aufrecht wie ein Tännchen». Sie war bereits über achtundsechzig und damit annähernd so alt, wie ihr Sohn einmal werden sollte. Noch immer war er daran, mit wunderlichem Irren und Graben nach dem Geheimnis des eigenen Ichs zu forschen. Sie sprach wenig, aber die stumme Frage in ihren Augen liess ihn nicht mehr los. Am Vormittag sass er meist zu Hause, las viel und schrieb, nachmittags ging er aus und kam gegen vier Uhr wieder heim. «Meine Mutter bringt mir den Kaffee und ist ganz munter, da ich durch das Kaffeetrinken zu Hause einen heuchlerisch häuslichen Anstrich gewonnen habe.»

Abends freilich sass er im Wirtshaus und trank manchen «Bösen», wenn er nicht gerade in vornehmen Salons «stumm wie ein Barsch» in einer Ecke sass. Gleich in seinem ersten

Brief aus der Heimat nach Berlin sprach er vom Haus Wesendonck, dessen berühmtester Gast Richard Wagner war und wo er bald selber zu den Geladenen zählen sollte. Seine Lage aber blieb unsicher. Seit er 1856 auf den zweiten Band der «Leute von Seldwyla» zweihundert Taler vorausbezogen hatte, stand kein grösseres Honorar mehr in Aussicht. Er sei «bereits ein alter Mensch, der in der Neujahrsvornacht am Fenster steht». Schliesslich hatte er sich das vierzigste Altersjahr als Zeitpunkt gesetzt, um «auf die dramatische See auszulaufen». Unbekannte «gute Freunde» hatten in München bereits in Umlauf gesetzt, er sei ein Trunkenbold geworden und gänzlich heruntergekommen.

Sechs Jahre lang stritt und litt er um literarische, mehr noch um menschliche Anerkennung, und er machte es seinen Freunden nicht leicht. Als am 14. Februar 1861 sein grosszügiger Gönner Alfred Escher als Grossratspräsident in einer Rede über die Neutralität erklärte, der Einzelne und auch jeder Staat könne nur dann selbständig, unabhängig, geehrt und geachtet sein, wenn sie sich eines wohlgeordneten Finanzstandes erfreuten, da trat ihm Gottfried Keller im «Zürcher Intelligenzblatt» vom 20. Februar mutig entgegen: «Es gibt in der Schweiz arme Kantone, die dennoch sehr ehrwürdig sind, und es gab zum Beispiel auch ein einzelnes Individuum namens Pestalozzi, welches sein Leben lang in Geldnöten war, sich auf den Erwerb gar nicht verstand, und dennoch viel wirkte in der Welt, und bei dem der Ausdruck, er verdiene keine Achtung, nicht ganz richtig gewählt gewesen wäre.» Befand sich der von allen etwas belächelte «Göpfi vom Rindermarkt» nicht in einer ähnlichen Lage? Die allgewaltig sich gebärdende Macht des Geldes konnte er nicht anerkennen. Gewinnsucht und Geldgier gingen ihm völlig ab. Persönliche Integrität, gegenseitige Hilfsbereitschaft und die eidgenössische Bruderliebe, deren Wirken er in einer Pfingstbetrachtung des «Intelligenzblattes» über den Brand von Glarus gepriesen hatte, waren für ihn die höchsten staatsbürgerlichen Tugenden. Dies entsprang seinem ganzen Wesen und nicht der eigenen pekuniären Not. Zwar hatte er es dem Grafen im «Grünen Heinrich» einmal in den Mund gelegt, man müsse durchaus danach streben,

Geld zu haben, nur dann brauche man nicht daran zu denken und sei wirklich frei. «Wenn es nicht geht, so kann man auch sonst ein rechter Mann sein; aber man muss alsdann einen absonderlichen und beschränkten Charakter annehmen, was der wahren Freiheit auch widerspricht.» Er selber hatte einen solchen absonderlichen Charakter angenommen, bis unerwartet die Wende kam.

Vom Künstler zum Bürger

Im September 1861 berief der Regierungsrat des Kantons Zürich den so wenig zielstrebigen und recht undisziplinierten Dichter in das anspruchsvolle Amt des Ersten Staatsschreibers. Die ihn gewählt hatten, waren alles Männer jener liberalen Partei, die Keller vor einem halben Jahr so freimütig angegriffen hatte. Sie müssen in seine Persönlichkeit tiefere Einsichten gehabt haben, als er selber ahnte. Dass man der tapferen Frau Keller und Gottfrieds Schwester, die als Näherin und Schirmverkäuferin arbeitete, damit unter die Arme greifen konnte, mag auch mitgewirkt haben. Die Berufung kam übrigens nicht ganz überraschend. Drei Tage zuvor hatte sich Keller auf einen Wink seines Gönners, Regierungsrat Franz Hagenbuch-Ott, in einer lakonischen Anmeldung um die freigewordene Stelle beworben, obwohl sich unter den Mitinteressenten tüchtige und erfahrene Männer mit juristischer Bildung befanden, sogar ein Nationalrat war dabei.

Die Bewerbung, die Gottfried Keller am 11. September 1861 einreichte, bestand aus einem einzigen Satz, der kaum von Begeisterung für das zu erringende Amt zeugte: «Hiermit erlaubt sich der ehrbietigst Unterzeichnete, sich um die am 28. August ausgeschriebene Stelle eines ersten Staatsschreibers zu bewerben und sich dafür zu melden.» Arbeitszeugnisse und Prüfungsausweise wusste er keine vorzulegen. Am 14. September wurde er vom Regierungsrat mit fünf gegen drei Stimmen gewählt. Die meisten Zeitungen drückten ihre Verwunderung und Missbilligung aus. Von «staunendem Kopfschütteln», «allgemeiner Heiterkeit», «tief entmutigendem und demoralisierendem Eindruck», «Protektion» und dergleichen war die Rede. Die stockkonservative «Freitagszeitung» höhnte: «Am Vorabend vor dem Bettag hat unsere Regierung noch einen Geniestreich begangen, wegen dess gewiss viele sich veranlasst gesehen haben werden, am Bettag selbst noch extra für sie in der Kirche zu beten.» Die «Neue Zürcher Zeitung» dagegen sprach von einer «Überraschung für viele Freunde der Regierung» und erklärte, die Wahl Kellers sei nicht wegen seiner oppositionellen Stellung, sondern trotz derselben erfolgt: «Einzelne seiner Landsleute hat es schon lange gedrückt, dass ein schönes Talent im eigenen Vaterland sich nicht Bahn brechen konnte, und dieses Gefühl hat wahrscheinlich einen grossen Einfluss auf die Wahl geübt.»

Schon in wenigen Tagen sollte Keller sein Amt antreten. Dass es dabei zu einem Eklat kam, mag als Bruch seiner ungebundenen Jugend mit der Zeit der Reife und Selbstdisziplinierung zu erklären sein: der Künstler wurde Bürger, der Ausgesonderte fand zurück in die Gemeinschaft.

Den Abend vorher – es war ein Sonntag – war der Dichter und jetzige Staatsschreiber in eine grosse Gesellschaft in den «Schwan» am Mühlebach, Ecke Kreuzstrasse 46, geladen. Viel extravagantes Volk war versammelt. Der grosse sozialistische Agitator Ferdinand Lassalle war der Gefeierte. An seiner Seite war die Gräfin Hatzfeld in roter Bluse und weisser Krinoline erschienen. Herwegh, der einige Wochen später einen Ruf auf den Lehrstuhl für Literaturgeschichte nach Neapel erhielt, seine Frau und sein Sohn, Stein von Gumbinnen und andere waren anwesend. Oberst Rüstow trug als Garibaldianer ebenfalls die rote Bluse. Auf dem Sofa lag eine russische Nihilistin, der die Herren eifrig den Hof machten. Ludmilla Assing sollte den neuen Herrn Staatsschreiber unter ihre Fittiche nehmen. Nach dem Tee begann ein Gelage, das bis in den hellen Morgen hinein dauerte, wobei die Frauen dem Champagner nicht lässig zusprachen und dicke Havannazigarren rauchten. Keller fühlte sich aufs äusserste angewidert, verhielt sich indessen stumm. Als jedoch in vorgerückter Stunde Lassalle seine Kunststücke als Magnetiseur und Tischrücker in schauspielerischer Weise zum besten gab und eben seinen Hokuspokus über dem Haupte Georg Herweghs machte, um denselben einzuschläfern, fuhr Gottfried Keller wütend auf, schrie: «Jetzt ist's mir zu dick, ihr Lumpenpack, ihr Gauner!», ergriff einen Stuhl und drang mit dieser Waffe auf Lassalle ein. Eine unbeschreibliche Verwirrung entstand. Die Frauen brachen in heftiges Weinen aus, die Männer schimpften, und der Unhold wurde an die frische Luft gebracht.

Um acht Uhr morgens sollte er in der Kanzlei begrüsst werden. Um zehn Uhr war er noch nicht da, der nächtliche Vorfall dagegen bereits ruchbar geworden. Da eilte Regierungsrat Hagenbuch nach Hottingen hinaus, den Schläfer zu wecken. Ein ernstlicher Verweis blieb dem Säumigen nicht erspart. Eine Rüge wegen Amtspflichtverletzung des Staatsschreibers war in Zürich, wie die Presse genüsslich vermerkte, seit zwölf Jahren nicht mehr vorgekommen. Es war aber der erste und letzte Tadel, den Keller entgegenzunehmen hatte. So liess sich der unabhängige Kopf in seinem bürgerlichen Wandel wohl einiges zuschulden kommen, aber sein ungemeiner Verstand bewahrte ihn stets vor Geschmacklosigkeit und Banalitäten. Im Amt als Staatsschreiber erwies er sich bald als Verkörperung der Pünktlichkeit und Pflichttreue.

«So erlebt», schrieb Mathilde Wesendonck an Richard Wagner, «die arme Mutter des grünen Heinrich doch noch die Freude, ihren Sohn auch äusserlich angesehen und geehrt zu sehen.»

Das Blatt, das den grössten Lärm gegen die unbegreifliche Wahl geschlagen hatte, die «Freitagszeitung», erklärte im übrigen schon sechs Wochen später: die allgemeine Meinung hätte sich in Gottfried Keller ganz gewaltig getäuscht, indem sie die Kraft des Genies nicht in Berechnung zog; denn nach allem, was man höre, dürfte aus ihm einer der tüchtigsten Staatsschreiber werden, die Zürich je besessen habe. – Man stelle sich diese Bereitschaft, einen Irrtum öffentlich und freiwillig zuzugeben, einmal bei den heutigen Politikern vor!

Am 15. Dezember 1861 siedelte Keller mit den Seinigen aus der ländlichen, kleinen Wohnung in der Hottinger Kühgasse (heute Hofstrasse), die er im Spätsommer des Vorjahres bezogen hatte, in das «Steinhaus» zuoberst an der Kirchgasse über, in dem sich seit 1803 die Staatskanzlei befand. Das

Steinhaus, der mittelalterliche Wohnturm des Ritters Rüdiger Manesse, muss einer der frühesten Steinbauten Zürichs gewesen sein. Das ganze zweite Stockwerk stand dem Ersten Staatsschreiber für Amtsräume und Wohnung zur Verfügung, in der ersten Etage hausten die drei oder vier Kanzlisten mit dem Zweiten Staatsschreiber Bosshard. Die grösste und lauterste Freude über diese ehrenvolle Wendung empfand wohl Frau Keller, die bald fünfundsiebzig war und ihre ausharrende Opferbereitschaft und den Glauben an Gott und ihren Sohn nun bestätigt und belohnt sah. Die Stelle eines Ersten Staatsschreibers war die wohl bestbezahlte in der ganzen Beamtenhierarchie. Im Laufe der ersten vier Amtsjahre konnte Keller mit allen seinen Schulden aufräumen, die Mutter und die Tochter ausstaffieren und abends erst noch besseren Wein trinken. Als angesehene Mutter des angesehenen Staatsschreibers verlebte die lange verarmte Doktorstochter die letzten zweieinhalb Jahre ihres Lebens nun sorglos und ohne äussere Not. Sie starb am 5. Februar 1864, kurz vor Mitternacht, ohne ein Anzeichen von Krankheit. Der Sohn war noch nicht zu Hause und hatte keinen Abschied nehmen können. Er schrieb später, der Gedanke, einmal auf der Zürcher Staatskanzlei zu sterben, sei ihr «ganz stattlich» vorgekommen. Für ihn war es eine der bittersten Erinnerungen. Er sei nachher gewiss vier Wochen lang in kein Wirtshaus mehr gegangen.

Zu Kellers Amtspflichten gehörte neben der Oberleitung über die Staatskanzlei das Abfassen der Sitzungsprotokolle des Regierungsrates. «Als der Herr Staatsschreiber zur ersten Sitzung ins Rathaus ging», erzählt der Biograph Baechtold, «musste der dort aufgepflanzte Landjägerposten übungsgemäss das Gewehr präsentieren. Ein hämischer Nachbar hatte sich beizeiten eingestellt, um den feierlichen Augenblick nicht zu verpassen.» Er glaubte wohl wie viele andere, die Herrlichkeit mit dem Gottfriedli, der nun Herr Staatsschreiber wurde, werde bald ein seldwylisches Ende nehmen. Doch Keller erfüllte seine vielen Amtsgeschäfte mit grösstem Pflichtbewusstsein. Zu den Protokollen und dem schriftlichen Verkehr mit dem Bundeshaus und den Kantonsregierungen kamen hundert andere Aufgaben, die seinen Tag von morgen früh bis oft spät abends in Anspruch nahmen. Zu den laufenden Pflichten, die er aus eigener Erfahrung besonders genau nahm, gehörte das Kontrollieren und Unterschreiben von jährlich rund zweitausend Pässen, Wanderbüchern und Heimatscheinen. «Es gibt kaum einen Dichter», schrieb später Adolf Frey, «der seinen Namen so oft unterzeichnete wie Keller: annähernd zweimalhunderttausendmal wird er es getan haben.» Als besonders ehrenvoll galt die Abfassung der Bettagsmandate, falls sich keiner der Herren Regierungsräte zur Verfügung stellte. Ein grosser Teil der Zürcher Geistlichkeit hatte sich im übrigen geschworen, von diesem neuen, gottlosen Staatsschreiber niemals ein Bettagsmandat von der Kanzel zu verlesen.

In der Staatsschreiberei

In Kellers Amtsstube standen vom anbrechenden Sommer bis zu den Herbststürmen immer Rosen auf dem Schreibtisch, die er in seinem Garten hinter dem Steinhaus selber gepflanzt und gepflückt hatte. Auf den Aktenstössen lagerte mit Vorliebe sein Kätzchen Spiegel, und es musste schon etwas Dringliches vorliegen, bis er sie von ihrem Plätzchen vertrieb. Einmal übergab er einem Kanzlisten einen Bogen zur Neuschrift, da das Aktenstück beim Wochenbett seiner Gesellschafterin einiges abbekommen hatte. Wie sein langjähriger Kalligraph Rudolf Schmid später bezeugte, muss Keller ein gütiger, etwas brummliger, aber sehr verständnisvoller Chef gewesen sein.

Einige Schwierigkeiten hatte er offenbar mit dem Kanzlisten Jakob Spörri aus dem Niederdorf, der einmal vor Jahresabschluss eine persönliche Eingabe machte, in der er seinen Fleiss, seine Ausdauer und Hingebung an die Arbeit kräftig herausstrich, um eine recht fette Aufbesserung zu erhaschen. Da bemerkte Keller zu den Umstehenden: «Der Spörri, der macht ein Wesen von sich, man könnte meinen, die anderen wären nur so hinterm Hag gemacht worden.»

Als Spörri schliesslich wegen eines Vergehens entlassen wurde, nahm er sich das so zu Herzen, dass helle Verzweiflung über ihn kam. Schmid verriet Keller den traurigen Zustand seines Kollegen. Da schickte der Staatsschreiber seinen

Kalligraphen schnurstracks zu Spörri: «Sagen Sie ihm, er solle wieder kommen; ich will nicht schuld daran sein, wenn er sich ersäuft.»

Nicht selten liess Keller seinen Mitarbeitern eine unerwartete Besoldungserhöhung zukommen. Dann begaben sie sich hinauf ins Büro des Staatsschreibers, um herzlich zu danken. Aber dieser winkte freundlich ab: «Es gibt nichts zu danken, Sie haben es ja verdient.»

Wenn sie ihren Chef sicher oben in seiner Amtswohnung wussten, liessen die Kanzlisten gerne Wein aufs Büro holen, den sie aber blitzschnell verbargen, wenn sie ihn die Treppe herunterschlurfen hörten. Einmal aber kam er überraschend schnell, als einer gerade sein Glas verschwinden lassen wollte. Gelassen versicherte Keller: «Lassen Sie's nur stehen, ich nehme Ihnen gewiss nicht davon.» Was er nicht liebte, war der gelegentlich einreissende Schlendrian. Eines Morgens fand der Erste Kanzlist einen Brief auf seinem Pult:

«An die Herren Kanzlisten!

Es ist gestern nun wiederholt vorgekommen, dass beinahe das ganze Kanzleipersonal in verabredeter Weise und ohne irgendeine vorherige Anzeige oder Anfrage weggeblieben ist. Ich bedaure daher, ankündigen zu müssen, dass ich in Zukunft ein solches Benehmen nicht mehr ohne Folgen hingehen lassen könnte. Bei diesem Anlasse mache ich diejenigen Herren, welche sich ein systematisches Nichtinnehalten der vorgeschriebenen Kanzleistunden anzugewöhnen scheinen, darauf aufmerksam, dass ich auch diesen Übelstand pflichtgemäss nicht andauern lassen darf.

Keller, Staatsschreiber.»

Zürich, 28. Mai 1872

Als Erster Schreiber des Kantons hatte Keller täglich einen Stoss Mitteilungen von Gemeindevorstehern durchzusehen, um sie dem Regierungsrat vorzulegen. Einst fand er einen Klagebrief eines Gemeindepräsidenten vor, der mit einem widerborstigen Bauern schon lange im Streit lag und nicht mehr

«Resignation». Vom Herbst 1861 bis zum Sommer 1876 amtierte Keller als Erster Zürcher Staatsschreiber, was ihn fast gänzlich am dichterischen Schaffen hinderte. Radierung von Burkhard Mangold, 1906.

wusste, wie er sich der Unverschämtheiten und Grobheiten seines Gegners erwehren sollte. So endete der Brief des Gemeindepräsidenten: «Zum Schluss erklärte mir der Mann, ich könne ihm am Hintern lecken. Was soll ich nun tun, Herr Staatsschreiber?» Ohne mit der Wimper zu zucken, schrieb Keller an den Rand des Briefes: «Ich würde es nicht tun.»

Einmal, als er bis tief in die Nacht hinein arbeitete, störte ihn das fortwährende Geschrei seiner und einer Nachbarskatze, die sich im Gärtchen hinter der Staatsschreiberei herumbalgten. Da riss ihm die Geduld. Erst warf er ein Lineal hinunter, und als das nichts half, folgten in kurzen Abständen Tintenkübel, Leimtopf, Bücher und zuletzt der Bürostuhl durchs Fenster nach. Am Morgen, als der Staatsweibel zur Entgegennahme der Aufträge erschien, sagte Keller: «Sie, holen Sie doch das Handwerksgeschirr vom Garten herauf; die Katze hat es letzte Nacht gebraucht!»

Neue Lebensfreude

Gross war die Überraschung, welche die Studenten beider Hochschulen dem Dichter zum 50. Geburtstag bereiteten. Sie galt weniger dem Staatsschreiber als dem Verfasser des «Grünen Heinrich» und der Novellen «Frau Regel Amrain» und «Das Fähnlein der sieben Aufrechten». Die Initiative war von der Zofingia ausgegangen. Keller erfuhr von diesem «Anschlag auf seine Personnage» erst, als die Sache nicht mehr rückgängig gemacht werden konnte.

Am schönen, nachtblauen Sommerabend des 19. Juli 1869 kamen die strammen Studentenverbindungen in einem von Fahnen umwehten Fackelzug den Limmatquai herauf, sie bogen über die Münsterbrücke zum Paradeplatz und postierten sich im Halbkreis vor dem Hotel Baur en Ville. Die Singstudenten und Zürichs zahlreiche Sängergesellschaften stimmten das «O mein Heimatland» an. Der Redner der Studenten pries in jugendlicher Begeisterung namentlich das patriotische Element in Kellers Dichtung. Der Gefeierte, der sonst jeder öffentlichen Rederei aus dem Weg ging, stand zwischen den hohen Säulen des Hotelbalkons. Er sprach allen verständlich auf den dichtbesetzten, vom Fackelschein erleuchteten Platz hinaus: Das Unternehmen, seinen fünfzigsten Geburtstag ans Licht zu ziehen, habe in ihm das beschämende Gefühl einer unverdienten Ehrung geweckt. Er befürchte, man könne, wenn in dieser Weise hell in das Kämmerlein des Poeten hineingeleuchtet werde, nichts finden als ein altes Frauenzimmer, die Muse früherer Tage. Möglich, dass dieser Schein sie früher wecke, als sie selber gedacht habe.

«Wir hoffen, dass in kommenden Tagen die Saiten seiner Leier lauter und oft erklingen werden», schrieb die NZZ in ihrer Berichterstattung. Übrigens: Wer war denn der junge Mann, der da im Vollwichs in den Halbkreis der Studenten trat, eine frische Ansprache an Keller hielt und ihn zu weiterer Dichterarbeit aufrief? Als «Sprecher der Studentenschaft» wird er der Keller-Biographie Baechtolds entsprechend immer bezeichnet. Nur der Berichterstatter der NZZ hatte unter den Studenten etwas herumgehorcht und erfahren, dass der junge Gratulant, der da für einen Augenblick aus der Anonymität der Menge ins Fackellicht einer festlichen Stunde hinaustrat, ein Stud. theol. namens Stiefel gewesen sei. Was ist aus ihm geworden?

Mit etwas detektivischem Spürsinn kommen wir ihm auf die Spur. Es gab damals nur einen dieses Namens an den Hochschulen: den Theologiestudenten Julius Stiefel aus Russikon. Es war der nämliche, der einundzwanzig Jahre später als Literaturprofessor Dr. Stiefel dem verstorbenen Gottfried Keller die Trauerrede hielt. Schon in jüngeren Jahren sei er im Zofinger Verein als hinreissender Redner aufgetreten und Keller sei sein Gönner geworden, heisst es 1908 im Nachruf auf den beliebten Dozenten. Vermutlich ging die Bekanntschaft auf jene Geburtstagsfeier für den Dichter zurück, an der Keller «jedem Einzelnen für die Teilnahme» persönlich dankte.

Nach der öffentlichen Huldigung auf dem Paradeplatz wurde der Jubilar in einer vierspännigen Kutsche hinaus ans Bellevue zum studentischen Festkommers in der alten Tonhalle geführt, wo der Dekan der Philosophischen Fakultät dem Überraschten das Diplom des Ehrendoktors überreichte. Zwar knurrte Keller einmal, man habe ihm mit dem akademischen Titel einen Spitznamen angehängt, aber dem Dichter Nahestehende nannten diesen Tag den glücklichsten seines Lebens. Ein Jahr darauf schrieb er an Ludmilla Assing, er durchgehe alte Manuskripte, mache sogar wieder Verse, kurz, er übe sich vorsichtiglich, aber behaglich ein, heute oder morgen wieder ein freier Schriftsteller zu werden.

Tatsächlich hatte er sich nach dem Tod der Mutter und dem traurigen Ende seiner wenig bekannten Verlobung fast ganz von der Welt zurückgezogen gehabt und wäre vielleicht in ein griesgrämiges Altjunggesellentum und Beamtendasein verfallen, wenn ihm diese Geburtstagsfeier nicht neue Freunde und wieder Lebensfreude gebracht hätte. Am Studentenkommers lernte er Professor Adolf Exner, Lehrer für römisches Recht, kennen, der aber bald nach Wien zurückberufen wurde. Zwischen Keller und dem viel Jüngeren, mehr noch mit dessen Schwester Marie, der späteren Mutter des Nobelpreisträgers Karl von Frisch, entspann sich ein liebenswürdiger, von fröhlichen Einfällen sprühender Briefwechsel, der später als Buch «Aus Gottfried Kellers glücklicher Zeit» erschien und zu den bezauberndsten Lebensäusserungen des sonst so verschlossenen Hagestolzes zählt.

Bei seinem Amtsantritt hatte sich Keller einen neuen Spazierstock geleistet, ein seiner Statur entsprechendes kurzes Meerröhrchen mit Horngriff. Bei jeder Wiederkehr seines Antrittstages, jeweils am 23. September, schnitt Keller eine Kerbe in den Stock. Als er nach vierzehn solchen Schnitten aus dem Amt schied, übergab er das Kerbholz seinem geschätzten Weibel Gottlieb Vontobel. Keller war Vontobels Erstgeborenem vor zwei Jahren Pate gestanden, und der Staatsweibel hatte seinen Sprössling dafür Gottfried getauft. So war der spätere Kirchengutsverwalter der Gemeinde Enge auf ähnliche Weise zu seinem Vornamen gekommen wie einst der Staatsschreiber selber.

Abschied von der Fron

Fünfzehn Jahre ist Gottfried Keller im Amt geblieben. Es war ein rigoroser Verzicht auf dichterisches Schaffen. Doch am 20. Dezember 1875 – er war bereits nach der Enge umgezogen – schrieb er an Marie Exner: «Nächstes Jahr habe ich vorläufig vor, meine Schreiberstelle zu quittieren und ganz den sogenannten Musen zu leben. Ich bin nun schon so alt, dass es nicht mehr so schlimm gehen kann ohne eine solche Philisterversorgung, und die schönen langen Tage und Wochen fangen mich doch an zu schmerzen, wenn ich immer vom Zeug weg ans Geschäft laufen muss.» Und einem deutschen Freund meldet er im folgenden Mai: «Am 1. Juni bin ich nun vom Amte frei; ich habe es nicht länger ausgehalten; den Tag durch Amtsgeschäfte, des Abends soll man schriftstellern, lesen, Korrespondenzen führen usw.; das geht nicht und bleibt dann meistens alles zusammen liegen.»

So nahm er denn auf den 1. Juli 1876 seinen Abschied. Vom 20. bis zum 22. Juni weilte er noch mit dem Regierungspräsidenten Stössel und Regierungsrat Sieber als Vertreter des Staates Zürich an der Vierhundertjahrfeier der Schlacht bei Murten. Am 8. Juli war er zum letztenmal in der Ratssitzung anwesend und trug in sein Handprotokoll hoch aufatmend die Notiz ein: «Letztes Protokoll verlesen. Präsidium hält Ansprache an den abtretenden Staatsschreiber, nach fünfzehnjähriger Amtsführung. Punktum!» Zur völligen Erledigung der Geschäfte musste er noch bis Mitte Juli ausharren. Von seinem Abschiedsessen, das ihm die Regierung gab, berichtete er nach Wien:

«Mit meiner Demokraten-Regierung bin ich leidlich auseinandergekommen oder vielmehr lustig, was ich Ihnen glaub' ich noch nicht erzählt habe. Sie veranstalteten mir ein Abschiedsessen im Hotel Bellevue, an dem ausschliesslich die Mitglieder der Regierung und ich waren, und überreichten mir einen silbernen Becher. Die Sache begann um 6 Uhr nachmittags. Um 9 Uhr schien es mir einschlafen zu wollen, ich verfiel auf die verrückte Idee, ich müsse nun meinerseits etwas leisten und den Becher einweihen. Ich lief hinaus und machte ganz tolle Weinbestellungen in Bordeaux, Champagner u. s. f. in der Meinung, dieselben selbst zu bezahlen. Die Herren aber wussten, dass alles aus der Staatskasse bezahlt werden müsse, und um den Schaden wenigstens erträglich zu machen, fingen sie krampfhaft an mitzusaufen und soffen verzweifelt bis morgens um 5 Uhr, so dass wir am hellen Tage auseinandergehen mussten. Sieber wurde in einer Droschke nach Hause gebracht; ich wurde in einer Droschke nach dem Bürgli gefuhrwerkt: ich hatte drei Tage Kopfweh. Das Tollste ist, dass ich die Herren, je mehr wir soffen, um so reichlicher mit Offenherzigkeiten regaliert habe in diesem letzten Augenblick mit meinen Ansichten über die Verdienstlichkeit ihres Regiments und dgl., was mich nachher geärgert hat, denn es war doch kommun undankbar. Sie machten jedoch geduldige Mienen dazu; ich glaube aber, sie gäben mir jetzt den Becher nicht mehr. Die bestellten Weine wollte ich am anderen Tage oder vielmehr am Nachmittage desselben Tages bezahlen; es wurde mir aber richtig nichts abgenommen. Alles wird sorgfältig verschwiegen; nur das Rechnungsbelege wird als stummer Zeuge in den Archiven liegen bleiben.»

So beschloss Gottfried Keller sein Amt als Staatsschreiber mit einem genialischem Exzess, wie er es begonnen hatte.

Offen bleibt die Frage, ob Keller wirklich jener ideale Staatsschreiber war, als den ihn der Bundeskanzler Schiess gepriesen hatte. Dass ihm die tägliche Fron von Tag zu Tag lästiger wurde, hat Keller mehr als einmal geklagt. «Es gibt immer mehr zu tun und wird zugleich äusserlicher und geistig immer unbedeutender, ein verrücktes Verhältnis.» Bei acht- bis zehnstündiger Amtsarbeit blieb für launige Geselligkeit, freies dichterisches Schaffen und behagliches Wirtshaushocken nicht mehr viel Zeit. Nicht einmal Urlaub hat Keller in den ersten zehn Amtsjahren genommen. Aufatmend warf er zuletzt die Bürde von sich, um hinfort «wieder in voller Freiheit alles aus den Fingern zu saugen, anstatt nur aus den Akten heraus zu büffeln».

Keller ist seinem Amt – wie fleissig, gewissenhaft und zuverlässig er es auch verwaltete – stets mit einer gewissen Reserve gegenübergestanden. Es hinderte ihn an der literarischen Arbeit, und mit manchem Regierungsrat hatte er, der Radikale und Ungestüme, das Heu nicht auf der gleichen Bühne. Die Angaben Adolf Freys über die an der Aktenzahl nachmessbare Riesenleistung Kellers – zweihunderttausend Unterschriften und zweihundert Bände an Manuskripten – scheint etwas übertrieben zu sein. 1975 schrieb der damalige Staatsarchivar Dr. Ulrich Helfenstein über die erhaltenen Akten aus Kellers Staatsschreiberjahren: «Schon ihre ausserordentlich geringe Zahl mag als Hinweis darauf gelten, dass in Kellers Amtszeit hier kaum Neues oder grundsätzlich Wichtiges geschah. Er trat, so scheint es, ohne Umstände in die Fussstapfen seiner Vorgänger und fühlte sich nicht veranlasst, an den übernommenen Verhältnissen etwas zu ändern!» Nirgends seien Spuren einer Auseinandersetzung mit verwaltungstechnischen Fragen zu finden noch Anzeichen dafür, dass Keller Verbesserungen irgendwelcher Art auch nur erwogen hätte. So sei denn erst unter seinem Nachfolger Johann Heinrich Stüssi das spärlich sickernde Rinnsal der Archivalien unversehens zu einem breiten Fluss angeschwollen. «Denn anders als Keller lebte Stüssi ganz und gar seiner amtlichen Aufgabe und suchte ständig Mittel und Wege, um sie fester in den Griff zu bekommen und zweckmässiger zu lösen.» Stüssi ging von der alten deutschen zur modernen «lateinischen» Schreibschrift über, 1877 begab er sich nach Schönenwerd, um die dort bei Bally in Gebrauch stehende «elektrische Feder» von Edison zu prüfen, bald wurde das erste Aktenstück mit Maschine geschrieben, und 1887 «trat das Telephon seine triumphale Laufbahn als neuestes Hilfsmittel der zürcherischen Staatsverwaltung an».

«In dieser Hinsicht scheint es um Kellers Sache nicht zum besten zu stehen», fährt Helfenstein fort, im Vergleich mit der Leistung des Nachfolgers, eines Verwaltungsmannes aus Leidenschaft, nehme Kellers Besorgung der Geschäfte sich altväterisch und phantasielos aus. «Ganz wohl wird einem bei diesem Befund nicht, und in der Tat weist die Argumentation einen Schönheitsfehler auf: sie geht nämlich von der ungeprüften Voraussetzung aus, das Prinzip der Bewegung sei dem der Beharrung durchaus überlegen.»

Ähnliche Gedanken muss sich auch schon Keller gemacht haben. 1865 bemerkte er in einer Artikelfolge in der Berner «Sonntagspost», der herrschende starke Wechsel in allen öffentlichen Einrichtungen erstrecke sich auch auf Gebiete, welche mehr unveränderlichen Wesens seien und auf welches es mehr auf den Geist als auf die Form ankäme: «Hier wird der unruhige Wellenschlag nicht zum geringen Teil von den zeitweiligen Verwaltungsmännern hervorgerufen, welche eine rühmliche Kunde von ihrem Dasein hinterlassen wollen und dieses Ziel besser durch Schaffen eines neuen Gesetzes als durch Handhabung des alten zu erreichen glauben.»

Der kleine Gottfried
und die holde Weiblichkeit

«Besonders liebenswert erscheint Keller in seinen Beziehungen zu den Frauen», schrieb Ricarda Huch, die ihm in seinen letzten Lebensjahren gelegentlich am Zeltweg begegnet war: «Klein und gebückt, für mich eine grosse, verehrte Gestalt» stolperte er dahin. «Dass Keller die herzlichsten Gefühle, aber keine Gegenliebe in den geliebten Mädchen erregte, lag vielleicht an seinem weiblichen Mangel an Feuer und Tatkraft, der ihn verhinderte, da, wo er liebte, als Eroberer und zukünftiger Besitzer, überhaupt mit der leidenschaftlichen Sicherheit aufzutreten, die Frauen nun einmal hinzureissen pflegt. Was Keller als Freier schädigte, muss ihn als Menschen in unsern Augen erheben: die mannhaft stolze Art, wie er sein Liebesunglück im stillen überwand, und vor allen Dingen sein vornehmes Betragen gegen die, die ihn abgewiesen hatten, das niemals von Empfindlichkeit, geschweige denn jener Gehässigkeit und Rachsucht zeugt, die beim Manne leicht an die Stelle der zurückgewiesenen Liebesleidenschaft treten.»

Diesem einfühlenden Urteil einer Frau stehen eigentlich nur männliche Äusserungen zu Kellers unglücklichen Liebesverhältnissen gegenüber. Eine Ausnahme macht noch Marie Exner-von Frisch, seine kluge, fröhliche Wiener Briefpartnerin der beiden letzten Lebensjahrzehnte: «Wäre Keller einen Kopf grösser gewachsen gewesen, so hätte sein Leben sich anders gestaltet.» Aber war es nur sein Äusseres, das den Zweifler und Zögerer unfähig zur Zweisamkeit machte? Die Wienerin fand ihn «immer wohlwollend, gütig und umgänglich». In Kellers Briefen war nie etwas von seinem impulsiven, ja jähzornigen Temperament zu spüren. Seine Brieffreundschaften dauerten deshalb länger als direkte Beziehungen.

Glück mit Keller hatte, wer beizeiten von Zürich wegging: Dilthey, Weber und Exner. Dem etwas überschwänglichen Emil Kuh riet er mit allen Listen ab, sich in Zürich niederzulassen. Zu einer persönlichen Begegnung mit Theodor Storm kam es nie. Von C. F. Meyer, mit dem er verschiedene Briefe wechselte, hielt er sich möglichst distanziert. Mit Böcklin kam es zu einem unschönen Auftritt: Ohne sichtbaren Anlass sagte Keller seinem treuen Beschützer eines Abends am Wirtshaustisch eine durch nichts begründete Derbheit, die dieser nicht auf sich sitzen lassen konnte. Böcklin stand schroff auf und entfernte sich wortlos. «Eigentlich sollte ich mich mit ihm duellieren», äusserte sich der Brüskierte zu einem Bekannten, «aber er ist ja so klein! Ich kann mich doch nicht mit ihm schlagen! Aber natürlich kann ich nicht mehr mit ihm verkehren!» Nach zwei Tagen sassen sie wieder einträchtiglich beisammen. Sie konnten nicht mehr ohne einander sein.

Natürlich kannte Keller seine aufbrausende Art selber, insgeheim litt er wohl an seiner körperlichen Ungestalt: auf zu kurzen Beinen und einem untersetzten Leib sass ein mächtiger Kopf. «Wenn er sass, erschien er wie ein Riese, wenn er stand, wie ein Zwerg.» Für seine Staatsschreiberei mussten extra Stühle mit kurzen Beinen angefertigt werden. Wie gross oder wie klein war er eigentlich? Nach seinem Pass von 1848 mass er umgerechnet 1,47 Meter; nach Adolf Frey, der ihn von der Bürglizeit an oft begleitete, betrug Kellers Körpergrösse nur 140 Zentimeter.

«Sein Verhängnis war», schrieb Karl Dilthey, «dass er seine kurzen Arme immer nach den schönsten Früchten ausstrecken wollte.» Grossgewachsene schöne Frauen, voller Würde, Geist, Frohmut und Heiterkeit der Seele konnten sein Herz entzünden, und wenn die Flammen der Liebe dann hochschlugen, verkroch er sich, gepeinigt, geprügelt und prügelnd, elend und hoffnungslos, in Wirtshäusern, Kneipen oder in seine Studierstube.

Betty Tendering

Bezeichnend ist eine Berliner Episode vom Frühling 1855. Anfang Mai schrieb Keller, er «erlebe gegenwärtig etwas, was einem heiteren und schönen Stern zu gleichen scheint». Aber er wagte es dann doch nicht, seine «kleine struppige Personnage» ernsthaft neben die angebetete «hohe Gestalt» der launenhaften dreiundzwanzigjährigen Betty Tendering zu stellen. Seine Liebesnöte, die er «ganz allein auf seiner Stube verarbeiten musste», lassen sich noch heute an zwei seiner Schreibunterlagen ablesen, die er zeitlebens aufbewahrte. Da kehrt unzählige Male der geliebte Name in den verschiedensten Schriftarten wieder, sogar in Spiegelschrift, ausgeschrieben oder in Abkürzungen, mit oder ohne Familienname und als Bestandteil von Sätzen wie «Dies ist der Mai Betty». Doch da stehen auch schon, zwischen all dem leidenschaftlichen Liebesgestammel, ergreifende Zeichen der Hoffnungslosigkeit. Über mehreren untereinanderstehenden Reihen von «Nein» ist querüber geschrieben: «Resignatio ist keine schöne Gegend», und das heulende Elend des Entsagenden bäumt sich auf in selbstverhöhnenden Worten wie «Der Tränenmeier-Herr Gottfried Tränensimpel». Die Mutter schrieb ihm: «Wir müssen uns sehr verwundern über Deine Gemütsbewegungen. Es ist uns unerklärlich, wie ein Frauenzimmer so viel über Dich vermag, um Dich so weit in Kummer und Verdruss zu setzen.» Im Juni erreichte die Betty-Krise ihren Höhepunkt. Wie acht Jahre zuvor, als er mit seiner Liebe zu Luise Rieter nicht fertig wurde, musste er wieder in den Wirtshäusern herumstreichen, und auch die anschliessenden Handgreiflichkeiten des «rasenden Zwerges» blieben nicht aus.

Im Hause des Verlegers Franz Duncker hatte er die auffallend schöne, kokettierende Rheinländerin Betty, die jüngere Schwester von Frau Lina Duncker, kennengelernt. Sie wurde für ihn zur «Bellatrovata», zum Dortchen Schönfund im «Grünen Heinrich». Einige Zeit später neckte ihn Frau Schulz in Hottingen, wo er einst Fräulein Rieter kennengelernt hatte: «Guck, das ist der Dichter Gottfried Keller, der sich nicht getraut, der Dortchen seine Liebe zu gestehen.» So war es, der «wetterfühlige» Gottfried hütete sich vor einer neuen Demütigung. Betty strebte nach dem Glanz einer wohlhabenden, einflussreichen Gesellschaft, wo sie dann ihre anziehende und zugleich abstossende Launenhaftigkeit ablegte.

Aus Zürich beichtete Keller im März des folgenden Jahres der verständnisvollen Frau Duncker: «Ich muss Ihnen noch nachträglich gestehen, dass jenes blaue Auge, mit dem ich einst bei Ihnen erschien, obgleich ich es ableugnete, dennoch vom Prügeln herrührte. Ich hatte nämlich nicht nur Schlivian (einen Berliner Theaterkritiker) geprügelt, sondern in der folgenden Nacht wieder einen, wegen dessen ich verklagt und von der Polizei um fünf Taler gebüsst wurde. In der dritten Nacht zog ich wieder aus, fand aber endlich meinen Meister in einem Hausknecht, der mich mit dem Hausschlüssel bediente. Es war eine Donnerstags-, Freitags- und Sonnabendsnacht, wo ich so mit gebrochenem Herzen mich umtrieb und anderen Leuten mir zur Erleichterung an den Köpfen kratzte. Aber es war doch eine hübsche Zeit, und jetzt geht gar nichts Rechtes mehr vor.»

Keller hat das «reiche, schöne und grosse Mädchen, welches weder Vater noch Mutter hat», nach seiner Heimkehr nie wieder gesehen und auch aus seinem Briefwechsel mit Frau Duncker gestrichen. Als einziges der von ihm geliebten Mädchen hat sie später geheiratet, einen Brauereibesitzer in Wesel. «Alle, die die reife Frau kannten, rühmten den inneren Adel ihres Wesens.» Betty starb erst im neuen Jahrhundert, im Frühling 1902. Sie war von Kellers Angebeteten auch die einzige, die ihn überlebte.

Luise Rieter

Gottfried Kellers unglückliche Neigung zu Luise Rieter ist fast so bekannt wie sein Kranz zärtlich-humorvoller Herzensaffären um seinen «Landvogt von Greifensee», wo sie als die reizende Figura Leu dargestellt ist. Des jungen, «armen Poeten» schmerzliches Geständnis an die hübsche Winterthurerin findet sich in jeder Sammlung schöner Liebesbriefe an vorderster Stelle, und auch unter den seltsamsten Brautwerbungen nimmt Kellers törichtes Bitten um die Gunst von Fräulein Rieter einen Ehrenplatz ein.

Weit davon entfernt, seine Vorzüge etwas ins Licht zu rücken, schrieb er ihr wie ein geschlagener Schuljunge, der gesteht, nur um sich seine Leiden endlich vom Hals zu schaffen: «Verehrtestes Fräulein Rieter! Erschrecken Sie nicht, dass ich Ihnen einen Brief schreibe und sogar einen Liebesbrief. Ich bin noch gar nichts und muss erst werden, was ich werden will, und bin dazu ein unansehnlicher armer Bursche; also habe ich keine Berechtigung, mein Herz einer so schönen und ausgezeichneten jungen Dame anzutragen, wie Sie sind.» Aber dann findet er, wenn die liebenswürdige Begegnung doch Ausdruck tiefer Gefühle gewesen wäre und er hätte nichts darum getan, «so wäre das ein sehr grosses Unglück für mich, und ich könnte es nicht wohl ertragen. Ich bin es also mir selbst schuldig, dass ich diesem Zustand ein Ende mache; denn denken Sie einmal, diese ganze Woche bin ich wegen Ihnen in den Wirtshäusern herumgestrichen, weil es mir angst und bang ist, wenn ich allein bin. Aber genieren Sie sich ja nicht, mir ein recht rundes grobes Nein in den Briefkasten zu tun. Ich bin kein Freund von neumodischen Halbheiten.» Wenige Tage vorher, am 12. Oktober 1847, hatte Fräulein Rieter ihrer Mutter geschrieben: «Herrn Keller sah ich in der Kunstausstellung; er war so verblüfft über unsere Anwesenheit, dass er anstatt artig und höflich als Cicerone uns zu dienen, sich sobald als möglich davonstrich.»

Wie alle Frauen, die ihm «einleuchteten», hatte er die liebenswürdige neunzehnjährige Winterthurerin in einem gehobenen gesellschaftlichen Kreis kennengelernt, zu dem er als interessante Persönlichkeit Zugang hatte. Zufallsbekanntschaften durch irgendeine glückliche Fügung gab es für ihn nicht. Der zierlichen Marie Melos, der er auch nach monatelangen inneren Liebesstürmen seine «bittersüssen Gefühle» nie gestand, begegnete er 1846 im politisch-literarischen Zirkel der Vormärzflüchtlinge Follen, Herwegh und Freiligrath in Hottingen. Sie war Freiligraths Schwägerin und als Kind eines Weimarer Professors dem alternden Goethe noch auf den Knien gesessen. Auf den Tag um ein Jahr jünger als Keller, blieb sie mit ihm brieflich das ganze Leben lang verbunden. Bis zu ihrem Tod im Jahre 1888 tauschten sie jeweils zum 19. Juli heitere Geburtstagsbriefe aus.

Im gleichen Kreis also begegnete Keller der hochgewachsenen, vornehmen Luise Rieter, die in Hottingen für einige Wochen Ferien verbrachte. In einem Brief nach Winterthur schilderte sie ihre offenbar mit Spannung erwartete Begegnung mit Keller, der durch die Veröffentlichung seiner ersten Gedichte zu einem beachtenswerten jungen Mann geworden war: «Keller spricht wenig und scheint eher phlegmatischen Temperaments zu sein. Er hat sehr kleine, kurze Beine, schade! Denn sein Kopf wäre nicht übel, besonders zeichnet sich die ausserordentlich hohe Stirn aus. Es war ihm nicht ganz wohl, hoffen wir, dass es nicht ich war, die ihm Weh verursachte, und er verliess uns bald wieder.»

Luisens Korb mit säuerlichem Inhalt muss postwendend bei Keller eingetroffen sein. Er entschuldigte sich bei Frau Professor Orelli, bei der Fräulein Rieter in den Ferien gewesen war: «Sie glaubte der unschuldige Gegenstand einer mutwilligen und oberflächlichen Neigung geworden zu sein, und dass sie das beleidigte, anstatt ihr zu schmeicheln, bewies mir wieder ihr reines und gesundes Gemüt. Sie fragen mich wohl, wie ich denn dazu gekommen sei, jenen freien und masslosen Brief zu schreiben? Ich hatte die Nacht schlaflos zugebracht und befand mich am Morgen sogar körperlich unwohl, das Herz war mir fortwährend wie zugeschnürt und der Kopf heiss. Auch der demütigste Mensch glaubt und hofft innerlich mehr, als er auszusprechen wagt, und ich bin keiner von den demütigsten, vielmehr habe ich manchmal einen recht sündlichen Hochmut zu bändigen. Ich erging mich an jenem Morgen in den glühendsten Hoffnungen, und mitten in meinem Rausch erinnerte ich mich, gehört zu haben, dass sie heute abreise. Eine tiefe Angst kam über mich, und so entstand der Brief, während meine Gedanken bei ihr waren, schrieb meine Hand die ungeschliffenen Worte. Ich habe schon lange vorausgesehen, dass es mir einst so gehen würde.»

Fräulein Luise Rieter, deren Grazie und wohltönende Stimme einst alle gefangengenommen hatte, blieb nach einer unglücklichen Liebe – vermutlich zu einem zwielichtigen polnischen Grafen – ledig und starb nach schwerer Krankheit 1879 bei Verwandten in Danzig.

Johanna Kapp

Ebenso tief wie die Absage der Winterthurerin hat ihn in Heidelberg das «leider Nein» der «schönen und noblen Jungfer» Johanna Kapp getroffen. Sie war die Tochter des mit Feuerbach befreundeten Philosophieprofessors und eigensinnigen Hofrats Christian Kapp, in dessen Hause Keller damals um so reger verkehrte, je mehr er zu spüren glaubte, dass die leidenschaftliche und geistvolle Fünfundzwanzigjährige seine Neigung erwidere. Ludwig Feuerbachs begeisternde Vorlesungen im Wintersemester 1848/49, dass nicht die Religion den Menschen, sondern der Mensch die Religion mache, gaben Keller schliesslich den Mut, der Bewunderten nach einem gemeinsam vertändelten Sommer einen Brief zu schreiben, den sie im Oktober 1849 auf ihre Art offen, ehrlich und voller Verständnis erwiderte: «Lieber, lieber Freund! Ich bin so tief erschüttert, dass ich kaum weiss, wie ich Ihnen schreiben soll. Ihr lieber Brief hat mich furchtbar traurig gemacht, obgleich Sie mir's verbieten. Ich möchte danken und tu's auch aus vollem Herzen. Nun liegt der Reichtum Ihres schönen Herzens vor mir, und ich hab tief aufseufzen müssen.» Sie gestand ihm, was ihr die Liebe zu Keller verbot: «Sie haben in Ihrem schönen Brief den geliebten Namen selbst ausgesprochen. Der Mann, der Ihrem Kopf ward, was Ihr edles Herz in mir fand, dieser herrliche Mann ist es, und der wundersame Zufall, der Sie uns beide zusammenstellen liess, hat mich mit stürmischer Freude ergriffen.» Wen versteckte sie hinter dieser verschlungenen Paraphrase? Keller verstand sie sogleich: Sie liebte den von ihm verehrten Ludwig Feuerbach, der unglücklich verheiratet war, sich aber von seiner Frau nicht trennen wollte.

Am 7. Dezember verliess Johanna ihr Elternhaus, um sich in München zur Landschaftsmalerin ausbilden zu lassen. Als sie in der Kutsche über die grosse Heidelberger Brücke fuhr, stand Gottfried am Fenster seines armseligen Zimmers und blickte ihr nach: «Ich hatte fest geschlafen bis gegen Morgen, aber um halb drei Uhr erwachte ich, wie wenn ich selbst verreisen müsste. Ich ging ans Fenster und sah jenseits des Neckars Licht in Ihrem Zimmer, es strahlte hell und still durch die kalte Winternacht und spiegelte sich so schön im Flusse, wie ich es noch nie gesehen. Nach einiger Zeit glaubte ich einen Wagen hinausfahren zu hören, und bald darauf rollte er zurück über die Brücke. Jetzt geht sie, dachte ich, drückte mein Gesicht in das Kissen und führte mich so schlecht auf wie ein Kind, dem man ein Stück Zuckerbrot genommen hat.» Das schmerzliche Erlebnis jener Nacht hat er in einem wunderschönen Gedicht festgehalten, das er aber später in keine seiner Sammlungen aufnahm:

> Schöne Brücke, hast mich oft getragen,
> Wenn mein Herz erwartungsvoll geschlagen
> Und mit dir den Strom ich überschritt.
> Und mich dünkte, deine stolzen Bogen
> Sind in kühnerm Schwunge mitgezogen,
> Und sie fühlten meine Freude mit.
>
> Weh der Täuschung, da ich jetzo sehe,
> Wenn ich schweren Leids vorübergehe,
> Dass der Last kein Joch sich fühlend biegt!
> Soll ich einsam in die Berge gehen
> Und nach einem schwachen Stege spähen,
> Der sich meinem Kummer zitternd fügt?
>
> Aber *sie* mit anderm Weh und Leiden
> Und im Herzen andre Seligkeiten,
> Trage leicht die blühende Gestalt!
> Schöne Brücke, magst du ewig stehen:
> Ewig, aber wird es nie geschehen,
> Dass ein bessres Weib hinüberwallt!

Wiedergesehen hat er die romantisch-schwärmerische Heidelbergerin nie. Einige Jahre hindurch blieb Keller mit ihr in freundschaftlichem Briefwechsel. Ihr Vorschlag, gute

Freunde zu bleiben, hat ihn lange beschäftigt. In einem Brief, den er aber nicht abschickte, legte er die Sache wenigstens sich selber auseinander: «Es ist schön, wenn sich Jugendfreunde ihr ganzes Leben durch so lang als möglich aufmerksam und treu bleiben, aber der innerste heisse Hunger des Herzens hat davon nichts, bei mir wenigstens nicht.»

1856 schrieb er an Hettner, Johanna Kapp sei ihm «fast unheimlich» geworden, es sei, «als ob sie sich selbst verzehre». Er ahnte nicht, welches dunkle Geschick in ihrer verzehrenden Unrast seine Schatten vorauswarf. Johanna verfiel, wie schon ihre Mutter und ein Bruder, in geistige Umnachtung. Sie starb nach jahrelangem Zerfall ihrer eigenwilligen Persönlichkeit im Mai 1883. Die Briefe Kellers hatte sie vernichtet, nur zwei schöne Aquarelle von ihm bewahrte sie auf.

Ludmilla Assing

Die zwiespältigste Beziehung hatte Keller zur Hamburgerin Ludmilla Assing, die er in Berlin im hochgestelzten «Salon» des verwitweten Diplomaten Varnhagen von Ense kennengelernt hatte. Sie war dessen Nichte und führte seinen aufwendigen Haushalt. Zwei Jahre jünger als Keller, nannte sie sich Schriftstellerin. «Körperlich klein und unschön, geistig exaltiert, malend» und sich als Künstlerin fühlend, wäre sie wohl gerne Kellers Frau geworden. Sie war wie Johanna Kapp vielseitig begabt, aber unstet. Am 6. Mai 1854 schrieb er nach Heidelberg: «Ludmilla hat sich höllisch für mich erklärt und mich, da sie Pastell malt, schon abkonterfetet.»

Sie hat Keller später bei der Durchreise in Zürich oft besucht, und die beiden standen in einem regen Briefwechsel. Er behandelte sie aber später ziemlich schnöde, ihr aufdringliches, exaltiertes Blaustrümpflertum stiess ihn immer mehr ab. Mit ihrer Betriebsamkeit und Verstiegenheit hatte er lange Geduld gehabt, vor allem aus Dankbarkeit für die freundliche Förderung, die ihm einst im Hause Varnhagens zuteil geworden war. Als sie dann im Herbst 1873 einen abenteuerlichen italienischen Jägerleutnant heiraten wollte, schilderte sie Keller «ihr gefundenes Herzensglück» in einem Brief mit der

*Selbstporträt
von Marie Exner in Wien, 1875.*

Begründung: «Sie, der Sie alles verstehen, werden es begreifen.»

Am 17. Juni 1874 berichtete er an Marie Exner, er habe erfahren, dass seine «alte Freundin Ludmilla Assing» von ihrem Mann verlassen worden sei; mit Geld und Gut habe er sich aus dem Staub gemacht. «Ich hatte darauf gerechnet, dass sie zuweilen ein bisschen Prügel bekommen würde, weil sie auch gar zu unschön ist, aber solche Schmach hätte ich nicht erwartet. Ich kann nun aber doch nicht fröhlich einen Stein auf sie werfen, ich bin nicht überzeugt, dass ich nicht auch gefallen wäre, wenn ich eine alte Jungfer gewesen und mein Geld einen Jägerleutnant angezogen hätte.»

Im Juli – Keller weilte bei Exners in Wien – berichtete er seiner Schwester: «Ich habe hier näher vernommen, wie es der Ludmilla gegangen ist mit ihrem Heiraten. Der Offizier hat nämlich vorher einen Kontrakt mit ihr abgeschlossen, den die blinde Kuh unterschrieben hat, wonach sie sich verpflichtete, wenn sie jemals sich trennen sollten, ihm jährlich soundsoviel zu zahlen. Als die Hochzeit nun vorbei war, ging er natürlich sogleich fort, kam aber zu ihrem Entzücken nochmals wieder, um noch was zu erkapern, und ging dann ganz fort.» Einige Zeit darauf kam die Geprellte nach Zürich und zitierte Keller brieflich in einen Gasthof, «als ob es unschicklich wäre, unsereinen im Hause aufzusuchen. Sie hatte eine goldene Brille auf der Nase», berichtete er Marie Melos an Weihnachten 1879, «renommierte, dass sie Latein treibe, warf die Gegenstände auf dem Tisch mit barschen Mannsbewegungen herum, heulte dazwischen, rückte mir auf den Leib, immer von sich sprechend etc.» Er ahnte nicht, dass sie schon wenige Wochen später in Florenz, ähnlich wie Johanna Kapp, an Irrsinn und Tobsucht elend zugrunde gehen sollte.

Kellers Braut

Die traurigste Liebesepisode, die den einsam Gewordenen doch noch auf einen eigenen Hausstand hoffen liess, war die Verlobung mit Luise Scheidegger, zwei Jahre nach dem Tode seiner Mutter. Was bisher über diese Verbindung bekannt geworden ist, gehört zu jenen verschwiegensten Geheimnissen Kellers, an die bisher aus Pietät kaum gerührt worden ist. Zu Unrecht, wenn wir uns vergegenwärtigen, wie falsch und schemenhaft sich dieses tragische Kapitel in Kellers eigenen Lebensroman eingeschlichen hat. Er selber hat Schriftliches, das seine Braut betraf, vernichtet; was davon noch übriggeblieben ist, verbrannte sein Testamentsvollstrecker. «Es handelt sich um ein trauriges Erlebnis in vorgerücktem Alter», hat Keller später erklärt. «Es weht ein Geheimnis um dieses Ereignis», schrieb Kurt Guggenheim in «Das Ende von Seldwyla», spricht dann aber vom neunundvierzigjährigen Keller, der um Luisens Hand anhielt, was ein Rechenfehler sein muss. Baechtold, der erste Biograph Kellers, verschwieg es kurzerhand. Adolf Frey erwähnte es 1891 in seinen «Erinnerungen» in der «Deutschen Rundschau», liess es aber in der Buchausgabe weg, «als eine nicht völlig liquide Sache». C. F. Meyer fand dies völlig in Ordnung. «Die Liebes-Selbstmord-Geschichte vermisse ich nicht – dies mag zur Not wahr sein, hat aber etwas Unwahrscheinliches», schrieb er Frey.

Ausgangspunkt der Ereignisse war ein «Gefängnisdirektor Wegmann», wie er in den verschiedenen Keller-Biographien genannt wird, ohne Vorname und lokale Fixierung. Nach den damaligen Zürcher Einwohnerverzeichnissen muss es sich um Karl Gottlieb Wegmann, Direktor der kantonalen Strafanstalt Oetenbach, gehandelt haben. Wegmann, im gleichen Jahr wie Keller geboren, war ursprünglich Pfarrer im Zürcher Oberland, dann Bezirkslehrer in Langenthal. Von 1852 an hielt er sich in Herzogenbuchsee auf, kehrte 1854 als Pfarrer zurück nach Albisrieden, wo er gegen das Tischrücken und Geisterbannen auftrat, bis er 1857 Strafanstaltsdirektor wurde. In dieser Funktion, in der er viele Neuerungen einführte, hatte er mit dem Staatsschreiber Keller oft persönlichen Kontakt, aus dem sich eine solide Freundschaft entwickelte. Keller soll bei Wegmanns an der Oetenbachgasse 10 oft zu Besuch gewesen sein. Vermutlich Anfang 1865 lernte Keller dort das anmutige Fräulein Scheidegger kennen, mit dem er sich im Mai 1866 verlobte. Sie war eine verwaiste Berner Arzttochter, die der Gefängnisdirektor angeblich als arme, schwermütige Pflegetochter in sein Haus genommen hatte. So die gefühlvolle, gängige Version mit einer Prise «Gartenlaube». Werner Staub, Schulinspektor von Herzogenbuchsee, hat sich kürzlich der rätselhaften Erscheinung Luise Scheideggers angenommen und die Ergebnisse seiner Nachforschungen im «Jahrbuch des Oberaargaus 1982» bekanntgegeben: Das am 19. April 1843 geborene Mädchen hiess nach den Registern Christina Luise Scheidegger und war die Tochter des Landarztes Ulrich Scheidegger (1804–1856) in Langnau im Emmental. Ihre Mutter Rosina Moser stammte aus Herzogenbuchsee und war die Schwester von Frau Direktor Wegmann. Nach dem frühen Tod seiner Frau heiratete der Arzt wieder, doch die Stiefmutter und das kleine Mädchen vertrugen sich schlecht. So gab es der Arzt zu Verwandten der Mutter nach Herzogenbuchsee, und zwar in die schwerreiche Kaufmannsfamilie Johann Ulrich Born. «Auf ihrem vornehmen Gutsbesitz wurde Christina

Luise von Onkel und Tante herzlich aufgenommen. Man bemühte sich, dem begabten Mädchen eine gute Ausbildung zu geben. Da es für Musik besondere Begabung zeigte, schickte man Luise an das Konservatorium in Genf, wo sie das Konzertdiplom erwarb.» Luise wurde wie ein eigenes Kind gehalten. Sie war «hilfreich, angenehm im Umgang, geistvoll und in ihrer Erscheinung von grosser Lieblichkeit. Spürbarer Frohsinn, gezeichnet von einer leisen Wehmut, verlieh ihr zu den schon vorhandenen Anlagen noch besonderen Adel.» Im Frühling 1866 hatte Onkel Wegmann die vornehme junge Dame für fünf Wochen zu sich nach Zürich in die Ferien eingeladen. Von einem armen, heimatlosen und schutzbedürftigen Waisenkind war also keine Spur. Fräulein Scheidegger hatte mehrere begeisterte Klavierschüler, sie war unabhängig, gebildet und belesen. Warum es nach der wohl stillen Verlobung im Hause Wegmann nicht zur Heirat kam? Offenbar begann in der sich aristokratisch gebärdenden Kaufmannsvilla Born in Herzogenbuchsee ein wahres Kesseltreiben gegen die Verbindung. Man wies auf den geradezu unmoralischen Altersunterschied hin: sie 23, er 46! Und dann die ungewöhnlichen Proportionen von Kellers struppiger Gestalt, und das Trinken, das Weinstubenhocken mit den bekannten ordinären Auswüchsen. Im Sommer 1865 war der eigenartige Zürcher Staatsschreiber in der konservativen «Winterthurer Zeitung» persönlich hart angegriffen worden, und diese Mischung von Wahrheit und Verleumdungen glaubte man auch in der Villa Born. Konnte sich Luise den wohlgemeinten Ermahnungen ihrer Pflegeeltern widersetzen?

Am Abend des 12. Juli 1866, als sie ganz allein im Hause war, ertränkte sich Luise im kaum knietiefen Springbrunnenbecken im Park der Villa. Gottfried Keller war von der Nachricht tief erschüttert. «Es ist wie ausgestorben in mir. Die Tote hat mich einen Augenblick angesehen und ist dann ihren einsamen Weg gegangen, ohne zu wissen, an was sie vorüberging», schrieb er an Wegmann, und in einem nachgelassenen Gedicht:

«Die in der Morgenfrüh in leisen Schuhen
Die Ruh gesucht und mir die Unruh gab...»

Verzweiflung und Verklärung

Keller soll in dieser Zeit sehr schweigsam gewesen sein und merklich gealtert haben. Da nahm er in seiner Verlassenheit sein wildes Wirtshausleben wieder auf. In seinem Nachlass hat sich eine Polizeiverfügung vom 29. Oktober 1866 erhalten:

«Herr Keller, Staatsschreiber, an der Kirchgasse Nr. 33, hat vom 27/28t Oktob. 66, Nachts 1½ Uhr, in betrunkenem Zustande, an der Storchengasse durch Lärmen und Poltern an der Haustüre des Café littéraire, die näcnt. Ruhe gestöret, und beschimpfte die Polizisten, welche Ihn warnten, auf insolende Weise.»

Der Herr Staatsschreiber wurde mit einer Busse von Fr. 15.–, bei 30 Cts. Schreibgebühr, belegt, die er innert 8 Tagen in der Kanzlei der Polizeikommission auf dem Stadthaus zu entrichten hatte.

Die Erlösung des Mannes durch die Frau ist ein Lieblingsthema Kellers. Aber als glücklicher Ehemann hätte er schwerlich die Legende vom Ritter Zendelwald ausgeheckt. Sein unfreiwilliges Junggesellentum gab ihm den Antrieb, sich immer neue schöne Frauenbilder auszumalen. Vielleicht wäre der verheiratete Gottfried Keller ein anderer, weniger herumgetriebener und weniger tief schöpferischer geworden. Und er hat es wohl selber geahnt. Seine Unzulänglichkeit und Unbehaustheit wurden zu wesentlichen Triebfedern seines Schaffens.

Dem Unstern, der über seinen Liebespfaden stand, hat Keller in seinen Werken nie gegrollt. Im Gegenteil, Liebesenttäuschungen waren ihm Grund zur Läuterung und zur Klärung seiner verworrenen Existenz. Im «Landvogt von Greifensee», seiner heitersten Novelle, sammelt er das Quintett seiner Verflossenen zu einer fröhlichen kleinen Lustbarkeit zusammen, die der Wehmut des unfreiwilligen Junggesellentums jede Bitternis nimmt. Einzig in den «Alten Weisen» räsonierte er eine kurze Strophe lang:

> «Gott, was hab' ich denn getan,
> Dass ich ohne Lenzgespan,
> Ohne einen süssen Kuss,
> Ungeliebt sterben muss?»

Er hat wohl nichts anderes getan, als die Frauen zu stark idealisiert und sich selber für zu wenig wert gefunden. Sein ganzes Werk ist eine Verherrlichung der Frau. Keller stattete sie mit Anmut und Schönheit, mit einem bezaubernden Wesen, mit Geist und Witz aus, aber auch mit verstecktem Schalk und einer Entschiedenheit, die mehr aus dem Herzen als aus dem Wollen kommt, doch auch das herbere Frauenbild fehlt nicht. Etwa die blühende, hinreissende Judith im «Grünen Heinrich», die ihn lehren will, was Liebe ist, wenn er den versprochenen Besuch aufschiebt, woraus sie lediglich sehen will, ob sie ihm etwas gilt.

Dann sind es die reifen Mutter-Beispiele, die mit ihrem Dienen und Walten beeindrucken, die Mutter des grünen Heinrich, die Regel Amrain und Frau Marie Salander. Was Keller im Leben versagt blieb, die liebevolle Lebensgefährtin mit Charakter, Schönheit und Verstand, hat er den andern in seinen Werken vorgespiegelt:

> «Doch die lieblichste der Dichtersünden
> Lasst nicht büssen mich, der sie gepflegt:
> Süsse Frauenbilder zu erfinden,
> Wie die bittre Erde sie nicht hegt.»

Gottfried Kellers Tafelrunde

Seit seiner Heimkehr aus Berlin hatte Gottfried Keller die Traulichkeit einer eigenen Familie vermisst. «Er ist gründlich einsam», hiess es 1856. Wohl boten ihm Mutter und Schwester ein geordnetes Zuhause, das ihm aber gerade wegen der grossen Ordnungsliebe der beiden Frauen recht säuerlich ankam. Und was sollte er, der ausschweifende Geist, mit seinen langen Abenden anfangen? Mit Lesen und Schreiben waren schon seine Tage ausgefüllt, an langen Spaziergängen hinderten ihn seine schwachen Beine. Was er liebte, war ein abgezirkelter Kreis Gleichgesinnter, wo er sich geborgen und wohlgelitten sah. Ohne zu wollen, wurde er dabei oft zum Mittelpunkt. Er schätzte einen guten Tropfen, bei festlichen Gelegenheiten durfte es Champagner sein. Das löste dem Schweigsamen, in sich Horchenden gelegentlich die Zunge.

Dass er Abend für Abend in der engen «Öpfelchammer», dem Haus zur Sichel grad gegenüber, sinnierend vor seinem Glase gesessen hätte, ist eine verbreitete Mär. Wahr ist sie nicht. Als Keller von Berlin zurückkam, hatte seine Mutter seinetwegen das Haus zur Sichel längst verkauft und war nach dem ländlichen Hottingen umgezogen, zuerst an die Platte, dann in die Gemeindegasse. Gewiss, das wäre für Gottfried noch kein Grund gewesen, die Schritte nicht ab und zu an die Stätte seiner Jugend zu lenken, wie Fritz Hunziker in einer Keller-Studie argumentierte: Der Dichter habe «im wohlbekannten Kneipli zur Öpfelchammer gesessen, wo er in dem niedrigen, von mächtigen Balken durchzogenen Raum an einem der währschaften, blankgescheuerten Holztische mehr oder weniger schweigend sein Schöppchen trank».

Tatsache ist, dass weder in Kellers vielen Briefen und Aufzeichnungen noch in den Schilderungen willkommener und anderer Besucher die «Öpfelchammer» vorkommt. Durchaus möglich, dass er in seinen Sturm-und-Drang-Jahren gelegentlich «über die Gasse» ging. Als bestallter Mann und Staatsschreiber verkehrte er in der «Bollerei», im «Gambrinus», später in der «Meisen», im «Saffran», im «Zürcherhof» und im «Pfauen». Wenn er allein sein wollte, sass er im Café-Restaurant Weisshaar an der Spiegelgasse. Auch Karl Böcklin, der Sohn des von Keller in den späteren achtziger Jahren unzertrennlichen Malers, erklärte aufs bestimmteste, sein Vater sei mit dem Dichter nie in der «Öpfelchammer» gewesen. Es war nicht die Art des brummligen, zugeknöpften Keller, sich an die langen und engen Tische zu setzen, wo jeder neben ihm Platz nehmen konnte. Er liebte einen ausgesuchten Tropfen mit seinen Freunden, in einer stillen Ecke, bei einem ungestörten Gespräch. Wenn er nicht schweigend ins Glas blickte.

Aber auch andere Umstände geben der schönen Legende von Zürichs «ältester Beiz» und dem illustren Stammgast keine Chancen: Das Haus zum Judenhut (Rindermarkt Nr. 12), 1357 im Besitz des Ratsmitglieds der Constaffel Johann Hentscher, war lange ein echtes Patrizierhaus. Während Jahrhunderten wohnten darin verschiedene Ratsgeschlechter, die Blum, Studler, Widmer und Wust. Der Name «Öpfelchammer», der um die Mitte des vorigen Jahrhunderts der im ersten Stock gelegenen Gaststube gegeben wurde, soll angeblich auf früheste Zeiten zurückgehen, «als die Klosterfrauen des Fraumünsters hier Obst einlagerten». Von Anfang des 17. Jahrhunderts bis 1906 beherbergte das Haus eine Bäckerei.

1801 hatte der Pfister Kaspar Denzler, der für seine Apfel- und Böllenwähen berühmt war, als erster das Pintenrecht auf die Liegenschaft erworben. Gottfried Keller sehnte sich 1840 in einem Brief aus München nach einem Stück Böllenwähe, vielleicht eine Reminiszenz an den kinderfreundlichen Bäcker oder an eine glückliche Stunde, wo er gegenüber im ersten Stock ein Stück Wähe kostete.

1835 verkaufte Denzler das Haus dem Bäcker Johann Jakob Knupp, der die Wirtschaft im übernächsten Jahr an

Rudolf Wüst verpachtete und sich auf die Bäckerei beschränkte. Dieses Nebeneinander von Bäckerei im Parterre und Wirtschaft im ersten Stock muss bis 1906 bestanden haben. Das schliesst nicht aus, dass die Bäckerei auch noch eine kleine Kaffeestube mit Wähen betrieb. In den 1920er Jahren erinnerte sich der einstige Jurastudent Fritz Fick, wie er und seine Kommilitonen um 1890 hier gelegentlich Böllenwähen verzehrten und «die Bretter dem Beck auf eigentümliche Weise zurückbrachten. Wir benutzten sie nämlich als Schlitten und schlittelten auf ihnen die (heute noch vorhandene) steile Stiege hinunter.» Die erste Etage muss also damals unterteilt gewesen sein: der vordere kleine Raum, das heutige «Gottfried-Keller-Stübli», war wohl das Wähen-Café, der hintere grosse Raum gegen das damalige Leuengässli diente als Weinrestaurant.

1859 hatte der Bruder von Barbara Knupp, Johann Kaspar Körner, die Wirtschaft übernommen und sie als Weinschenke bis zwei Jahre nach Kellers Tod weitergeführt. Seine Frau, eine gebürtige Elsässerin, brachte einen süffigen Markgräfler mit. Körner hatte aber seine Marotten. Als Sohn des Sternenberger Pfarrers liebte er Religionsgespräche, vor allem über die Reformation. «Wir jungen Studenten staunten über die Geschichtskenntnisse des alten Herrn und kamen öfters wieder, um seiner klugen Rede zu lauschen», schrieb 1929 der arrivierte Jurist Dr. Fritz Fick, «doch ungefähr um 9 Uhr pflegte der bibelfeste Wirt zu Bett zu gehen, nachdem er die Wirtschaft geschlossen hatte.» So meinte Dr. Fick, dessen Schwiegervater in den 1870er Jahren als intimer Freund mit Keller verkehrte: «Im Wirtshaus liebte er keine Religionsgespräche, und um 9 Uhr machte Keller noch nicht Schluss.»

Der Vater des Wirts, Hans Jakob Körner (1783–1823), war nicht nur Pfarrer in Sternenberg, aber dort hatte er es am längsten ausgehalten. Nach Stellen in Fluntern, Oberhallau und Hausen verfiel er der Geisteskrankheit. Später amtierte er in Schwamendingen, 1814–1819 in Sternenberg, wo er dem Branntwein ergeben war und schliesslich zusammen mit seiner Frau wegen gewerbsmässiger Kuppelei ins Zuchthaus kam. Die fast sektiererische Religiosität und Sittenstrenge des Wirts darf wohl als Reaktion auf traurige Jugenderlebnisse gedeutet werden.

Die altdeutsche Weinstube, wie wir die «Öli» heute kennen, besass auch nicht immer das ehrwürdige, vergilbte, gemütliche Aussehen, das scheinbar die Patina von Jahrhunderten in sich hat. Bis zur Aufhebung der Bäckerei im ersten Jahrzehnt unseres Jahrhunderts wurde das «Gottfried-Keller-Stübli» vom Hausbesitzer alle paar Jahre weiss gestrichen, wie es sich für eine saubere Kaffeestube gehörte.

Begründet wurde die Keller-Legende um die «Öpfelchammer» vermutlich durch den Literaturprofessor Dr. Julius Stiefel, der dem Dichter die tränenreiche Trauerrede gehalten hatte und um die Jahrhundertwende mit den Studenten in der «Öpfelchammer» regelmässig zusammensass. Bestärkt wurde der schöne Glaube schliesslich durch ein fingiertes Gespräch in Wilhelm Schäfers Buch «Karl Stauffers Lebensgang», in dem der Dichter mit seinem Porträtisten und Böcklin in der «Öpflete» zechte, diskutierte und «aus vollem Halse lachte, wie wenn Fässer über das Pflaster rollten». Später war es der 1956 verstorbene Heiri Murer, der noch im Alter von 85 Jahren in der «Öli» regelmässig zur Laute sang und in seinen populären Liedern die Erinnerungen an den angeblichen illustren Stammgast wachhielt:

«Dänn das dörf mer nie vergässe,
da inne isch de Gottfried gsässe.
Sine Mane zum Gedänke
tüend mer eusri Gleser schwänke...»

Wo er wirklich war

Über Kellers bevorzugte Lokale gibt es genügend Zeugnisse. In jungen Jahren verkehrte er in der «Häfelei» oben an der Schoffelgasse. Als Staatsschreiber sass er grad nebenan im «Gambrinus», wo sich die liberalen und literarischen Intellektuellen, wie die Professoren Vischer, Kinkel und Scherr, zum Abendschoppen trafen. Auch die Singstudenten mit ihren Dirigenten Franz Hegar und Carl Attenhofer hatten ihren Stammtisch. Gastwirt war der Doktor beider Rechte Baptist

Knöpfli, später seine lebenslustige Witwe. Hier soll Keller die Idee für seine Novellen «Hadlaub» und «Der Narr auf Manegg» gefasst haben. Denn grad oben an der Münstergasse stand einst der Manesseturm, in dem Johannes Hadlaub die berühmte Manesse-Handschrift geschrieben haben soll und nicht, wie lange geglaubt wurde, im Steinhaus, in dem zu Kellers Zeiten die Staatsschreiberei untergebracht war.

Der angesehene «Gambrinus» hat längst einer Teestube der Heilsarmee Platz gemacht. Vom einstigen Interieur ist kaum mehr etwas zu sehen. Nur ein paar neuere, etwas unbeholfene Kopien aus der Manessehandschrift – der Stauferkönig Konrad, Walther von der Vogelweide und Wernher von Teufen – erinnern an der Fassade an den literarisch-musikalischen Zirkel aus Kellers früher Staatsschreiberzeit.

Zu den gemütvollen Erinnerungen an die Stammlokale des Dichters gehören jene an die «Bollerei» an der Schifflände. Dort traf sich der «Kellergottfried» mit dem «Sempergottfried», dem Architekten des Polytechnikums, bis sich dieser 1871 im hohen Alter nach Wien berufen liess. Mit ihm sass der Dichter auch am Abend des 21. September 1869 zusammen, als Semper aus der Zeitung vom Brand seines Dresdener Hoftheaters erfuhr und in ein erschütterndes Schluchzen ausbrach. Drei Jahre darauf, im Dezember 1872, schrieb Keller an Marie Exner nach Wien, sie möchte doch bei Gelegenheit Herrn Semper von ihm grüssen, und fuhr dann fort: «Das gute arme Mädchen Lina in der „Bollerei" schreibt ihm eine Schachtel mit Handschuhen zu, die sie anonym durch die Post erhalten hat, und möchte ihm gern dafür danken.» Lina sei noch immer ein braves, liebenswürdiges Kind, das des Nachts wegen des wiedergekehrten Hustens nicht schlafen könne und sich doch durch den ganzen Tag plage und dabei blass und mager geworden sei. «Ich schenke ihr zuweilen auch was, da sie keine Eltern mehr hat, allein in der Fremde sein muss und kaum alt wird. Neulich kaufte ich ihr ein Ringlein, das sie mit einem von Semper geschenkten am kleinen Finger trägt, so dass sie die beiden Namen schön vereinigt mit sich führt. Sagen Sie das aber Semper nur, wenn er guter Laune ist, sonst wird er wütend.»

Der Architekt starb 1879, nachdem er das Dresdener Theater wieder aufgebaut hatte. Keller träumte später, Semper sei aus dem Jenseits recht abgerissen noch einmal zurückgekommen, habe ihn besucht und ihm beim Abschied zugerufen: «Gehen Sie nicht dorthin, Herr Keller! Schlechte Wirtschaft dort!»

Das Zunfthaus zur Meisen, in dem Gottfried Keller 1875–1885 Stammgast war. Aufnahme 1885.

Später, vom Sommer 1875 an, verkehrte Keller im stilvollen Zunfthaus zur Meisen, vor allem am Samstagabend. Sein Biograph Jakob Baechtold gehörte oft zur Tafelrunde: «Man sass in der hinteren Abteilung des altertümlichen, dunkel vertäferten Zunftsaales in der Nähe eines hochgetürmten, bemalten Ofens. Keller war es zufrieden, solange als möglich von demselben bescheidenen Mädchen bedient zu werden. Immer bezeigte er sich gütig gegen dasselbe, war mit dessen kleinen Schicksalen vertraut, brachte oft eine kleine Überraschung, zog mitten im Winter eine schöne Blume aus der Tasche hervor usw. Ein gutes Nachtessen wurde aufgetragen, nebst einem oder zwei Schoppen eines guten Landweins. Dann tat Keller die übliche Frage, ob man nunmehr zu einem „Ehren-Halber", also einer besseren Flasche, übergehe. Gewöhnlich war es ein Weisswein oder ein Schiller. Nachher setzte man einen Roten darauf. Dann kam ein schwarzer Kaffee mit einem Cognac. An besonders guten Abenden spendete Keller eine Flasche Sekt, nur vom feinsten französischen. Das andere Zeug konnte er nicht leiden. Nach Mitternacht wurde aufgebrochen, man schwankte über die Münsterbrücke gegen ein kleines Bierhaus (das „Gambrinus") ein und blieb noch ein Stündchen oder zwei bei erbaulicher Rede sitzen. Am Sonntag fand eine abgekürzte Wiederholung statt.»

Schwierig wurde es, wenn sich Keller in seiner Tafelrunde gestört fühlte. Dann liess er sich zur Gewalttätigkeit, die ihm sonst fremd war, hinreissen. Der kleine Mann fuhr mit verblüffender Behendigkeit auf, stiess die Gläser um, wies einen Harmlosen vom Tisch weg oder wurde gern handgemein. Nach zehn ungetrübten Jahren, im Januar 1885, kam es in der «Meisen» bei einer erregten Szene zum Bruch mit Baechtold. Verschiedene Vorfälle – vor allem die etwas indiskreten Recherchen des Biographen bei Kellers Schwester – hatten des Dichters Missfallen erregt. Schon im Januar hatte er Baechtold geschrieben, dass er die Samstagabende nach und nach aufgeben wolle. «Mögen Sie daher meinetwegen ruhig die Gesellschaft besuchen, als ob nichts geschehen wäre.» Am entscheidenden Abend – das genaue Datum ist nicht mehr bestimmbar – warf Keller seinem Nachschnüffler mit heftiger Stimme vor, er «zähle seine Räusche nach». Nun war ihm die Samstagsrunde verleidet. «Zerschlissene gesellige Verhältnisse», knurrte er in einem Brief, noch lange sprach er vom «literarischen Totengräber», von der «Literaturhyäne» und dem «literarischen Blutsauger».

Von der «Meisen» zur «Saffran»

Wenige Wochen bevor Keller «für alle Zeiten ein abschreckendes furchtbares Urteil statuiert hatte», war es zu einer Begegnung gekommen, die den Alternden bis an sein Lebensende begleitete: Der Dichter hatte einen kongenialen Maler gefunden. Der NZZ-Kunstkritiker Albert Fleiner war dabei:

Es war an einem Sommerabend des Jahres 1885. Im grossen Saal des Zunfthauses zur Meisen sass ein kleiner Kreis am runden Stammtisch um Gottfried Keller. Die Gesellschaft war sehr klein, denn Meister Gottfried war bekanntlich ein gar grimmiger Diktator, der um sich herum nur duldete, was ihm vollkommen in den Kram passte. Wortkarg sass der alte Herr da, sein Abendessen verzehrend, und das Kollegium schwieg, weil alle wussten, dass man ihn bei dieser wichtigen Arbeit nicht stören durfte. Da öffnete sich die Tür; ein fremder Herr trat ein, fragte nach Gottfried Keller und ward an den kleinen runden Tisch gewiesen. Eine hohe schlanke Gestalt, mit strammer militärischer Haltung, dichtem, kurzgeschorenem, leicht ergrautem Haupthaar und grauem Schnurrbart, so kam der Fremde mit festem Schritt an den Tisch herangetreten, postierte sich neben dem Alt-Staatsschreiber kerzengerade auf und fragte: «Habe ich die Ehre, den Herrn Gottfried Keller zu sprechen? Mein Name ist Beggli.» Der Angesprochene liess sich beim Essen nicht stören und schien den Frager kaum zu beachten. Der fremde Herr wiederholte seine Worte etwas hörbarer: «Mein Name ist Beggli. Sind Sie vielleicht Gottfried Keller?» Meister Gottfried brummte nur ein keineswegs sehr einladendes «So!» in den Bart und liess, nur um so eifriger sich in seine Mahlzeit vertiefend, den ungerufenen Gast ruhig stehen. Es folgte eine lange, unheimliche Pause. «Die Stille vor dem Gewitter», dachten die Umsitzenden. «Mein Name ist Beggli», tönte es nun noch vernehmlicher, und dabei stellte sich der Herr mit einer kurzen Verbeugung noch näher an den Angeredeten, der nicht hören zu wollen schien.

Nun legte Gottfried Keller Messer und Gabel auf den Teller, schaute auf, mass die hochgewachsene Figur vor ihm mit einem langen, prüfenden Blicke von oben bis unten und sagte – jetzt war der kritische Moment gekommen – in gleichgültigem Tone: «So, so, Beggli? Beggli heissen Sie?» Plötzlich flog es wie ein heller Sonnenstrahl über das eben noch wetterleuchtende griesgrämige Gesicht: «Ja, dann sind Sie vielleicht gar der Maler Böcklin?» – «Jawohl, ich male auch!» lautete die bescheidene Antwort. Nun sprang Meister Gottfried von seinem Stuhle auf und rief: «Potz tusig, Sie sind der Böcklin! Dann bin ich ja ein Verehrer von Ihnen!»

Die beiden Männer schüttelten sich kräftig die Hand und schauten sich, soweit es bei dem ungleichen Körpermass möglich war, in die Augen. Die Begrüssung war von einer für Kellers wenig ostentative und wortkarge Natur ausserordentlichen Herzlichkeit. Schnell schleppte er selber einen Stuhl für den Gast herbei, rief nach der Wirtschaft und liess eine Flasche vom Besseren auftischen. Dann holte er das geliebte Rauchkraut aus der Tasche, bot dem Maler eine Zigarre an, und seine Achtung vor dem Künstler schien sich zu steigern, als er bemerkte, dass dieser ein ordentliches Kraut ebensowenig verschmähte, als er einem guten Tropfen sich durchaus nicht abhold zeigte.

Vom Tag ihrer Bekanntschaft an nahm Böcklin den sehr kleinen und schon etwas wackelig gewordenen Keller in fürsorgliche Obhut. In seinen Erinnerungen erzählt Adolf Frey: «Böcklin bewog den älteren Freund zu häufigerem Ausgehen und, für seine Gesundheit besorgt, holte ihn zu Spaziergängen ab, die freilich wegen des Dichters Schwerfälligkeit nur die bescheidenste Ausdehnung erreichten, in gemächlichstem Tempo abgeschritten wurden und fast ausnahmslos in ein Wirtshaus mündeten. Waren die beiden dort angelangt, so konnte es etwa geschehen, dass Böcklin den Arm ausstreckte, mit Daumen und Zeigefinger dem Dichter den grossen, weichen, schwarzen Filzhut, den er vorn oben anfasste, vom Kopfe abhob, ihm Stock oder Schirm ins Gestell stellte und ihn vorsichtig aus dem Überzieher schälte, doch sah er sich mit solchen Gefälligkeiten klüglich vor, je nach dem dichterlichen Launenwetterglas. Man war nie sicher, wann man mit irgendeiner kleinen Freundlichkeit Gottfried Kellers reizbare Selbstherrlichkeit in Aufruhr brachte.

Rückte nun einer mit gespitzten Ohren oder gar mit heimlich gespitztem Bleistift am Tische näher, um etwas Bedeutsames oder wenigstens Interessantes zu erhaschen, so kam er selten auf seine Rechnung. Denn die beiden sassen oftmals da wie Goethe und der Kunstmeyer. Sie schwiegen sich nämlich meistens behaglich an, nur dass sie dazu mächtig rauchten.

Altersverträumt, wie er war, erhob sich Keller nicht gerne vom Becher. So oft harrte nur der getreue Böcklin aus. Denn das war ausgemachte Sache, dass er seinen Freund nach Hause brachte.

Im Januar 1886 berichtete Gottfried Keller an Paul Heyse, dass er jede Woche zwei- bis dreimal in lange dauernder Gesellschaft «mit dem herrlichen Böcklin und vier bis fünf anderen» verbringe. «Es ist prächtig zu sehen, wie dem braven gewaltigen Böcklin, wenn wir um 10½ Uhr nach unserm Schöppchen Landwein in die Bierhalle gehen, seine vier Glas schäumenden Augustinerbräus aus München vom Fass weg schmecken.»

Nach Rudolf Kollers Darstellung traf er sich mit Keller und Böcklin so ziemlich jeden Mittwoch im Zunfthaus zur Saffran, ebenso regelmässig in der Dienstagsgesellschaft im Zunfthaus zur Meisen. Die Abende nahmen zumeist mit einem Schlummerbecher im «Gambrinus», in der «Kronenhalle» oder im «Pfauen» ihren Ausklang.

Nach dem Auftritt mit Baechtold frequentierte Keller lieber das Zunfthaus zur Saffran, wo er schon früher oft gesehen wurde. Als Böcklin nach Zürich kam, war sein Name für breite Schichten noch gänzlich unbekannt. Ein Zürcher Buchhändler unternahm es deshalb, einige Reproduktionen von Böcklins berühmtesten Bildern ins Schaufenster zu stellen, unter anderem auch eine Abbildung des «Spiels der Wellen», das jetzt in der Münchner Neuen Pinakothek hängt. Die Polizei nahm Anstand an den unbekleideten Meerjungfrauen, die sich ohne Badekostüm ganz ungeniert in den Wellen tummelten. In einem «Zeloten, Zöpfe und Kunst» betitelten Feuilleton machte sich die «Neue Zürcher Zeitung» über die Hermandad lustig. Die ganze Stadt lachte. Aber Gottfried meinte in ernstem Tone zu Böcklin: «Ja, ein verfluchtes Bild ist es schon!» Man war erstaunt, in ihm einen Verteidiger der polizeilichen Massregelung zu sehen, und Böcklin verlangte Auskunft. Gottfried antwortete: «Ein verfluchtes Bild, diese Weiber, die dem Publikum ihre Kehrseite zudrehen. Freilich, es gehört schon eine verbotene Phantasie dazu, etwas Schlimmes darin zu sehen, aber – die hab' ich!»

Freund dem Freund...

Zu Kellers wechselnder Tafelrunde gehörte auch der NZZ-Chefredaktor und spätere Präsident des Bundesgerichts Dr. Hans Weber. In Zürich wohnte er an der oberen Kirchgasse in unmittelbarer Nähe des Staatsschreibers, «mit dem er gar bald zusammentraf» und der ihn «sehr liebenswürdig begrüsste». Bald hatte Weber Gelegenheit, seinem Nachbarn einen schönen Freundschaftsdienst zu erweisen. Auf das Sommersemester 1872 nahm der nach Strassburg berufene Gynäkologe Adolf Gusserow seinen Abschied. Zu seinen Ehren wurde ein grosses Bankett veranstaltet, bei dem der Staatsschreiber dem Scheidenden «beim perlenden Champagner den Abschiedsgruss» entbot. Er bat Gusserow, den Strassburgern als alten Verbündeten der Eidgenossen auszurichten, «sie sollten sich nicht sehr grämen, dass sie im Krieg 1870/71 zum Deutschen Reich zurückgebracht worden seien. Wenn das Deutsche Reich sich so entfalte, dass es Staatsformen der verschiedensten Art, also auch die Schweiz, in sich aufnehmen und ertragen könne, so dürfte – aber nur dann! – auch an uns Schweizer der Gedanke herantreten, wieder zu Kaiser und Reich zurückzukehren.»

Über diese arge Entgleisung schüttelten die verdutzten Zürcher den Kopf. Sehr peinliche Auseinandersetzungen konnten nur verhütet werden, weil es Kellers Freunden, unter ihnen auch Weber, gelang, die Woge der Empörung mit dem Hinweis auf «die Stimmung in vorgerückter Stunde bei einem Ehrenbankett» wieder zu glätten. Mit anderen Worten: Der Herr Staatsschreiber war halt gründlich betrunken.

«Nicht lange», so berichtete Weber, «und wir standen auf Vorschlag des um 20 Jahre älteren Keller auf „Du", und es entwickelte sich ein Freundschaftsverhältnis, das bis zum Tode Kellers ohne irgendwelche Trübung bestehen blieb. Unsere Stammkneipe war zuerst das Café Zürcherhof (am damaligen Sonnenquai), und als im Zunfthaus zur Meisen ein Restaurant eröffnet wurde, schlugen wir unseren Sitz dort auf. Was der Staatsschreiber Weber durch Vermittlung von persönlichen Bekanntschaften und lokalen Kenntnissen schenkte, erwiderte dieser durch die Aufmunterung, das Amt des Staatsschreibers aufzugeben und «sich ganz der dichterischen Tätigkeit zu widmen». Weber berichtete später darüber:

«Keller sprach mir bald von seinen Plänen, und ich suchte ihn darin zu bestärken. Es waren namentlich ökonomische Bedenken, die, besonders seiner Schwester gegenüber, aus dem Feld geschlagen werden mussten, bevor der sichere Erwerb fahrengelassen werden durfte. Wir besprachen das Thema oft auch mit der Schwester und stellten anhand der bisherigen Ausgaben (unglaublicherweise nur 800 Franken im Jahr!) und der voraussichtlichen Einnahmen aus den literarischen Arbeiten Wahrscheinlichkeitsberechnungen für die Zukunft auf. Ich hatte keinen Zweifel, dass Gottfried den Schritt ohne alle Bedenken wagen dürfe und solle...»

Schliesslich stammt von Weber eines der schönsten Charakterbilder Kellers. Es erschien im Juni 1918 in der NZZ:

«Noch selten ist mir ein Mensch vorgekommen, dessen Charakterzüge schon von früher Jugend an so scharf gemeisselt dastehen und sich bis ins späte Alter gleich bleiben wie bei Keller. Immer derselbe brave und ehrliche Kerl, voll Geist und Humor, der nicht „tugendhaft" sein will, sondern nur natürlich, weil alsdann „die Tugend von selbst kommen wird"; immer derselbe Schweiger und Grübler, und trotzdem der scharfe Beobachter von Menschen und Dingen; immer derselbe bedächtige Zauderer, der schwer zu einem Entschluss kommt, vielerlei Pläne fasst, aber wenige ausführt und dann auf einmal prächtiges Erz zutage fördert; der knurrt und murrt und schimpft und handumkehrt dem reinsten Idealismus huldigt; aber auch von Anfang an jener Zug von Herbheit und Misstrauen, der Keller oft, namentlich bei schlechter Weinlaune, gegen andere ungerecht werden liess. Und auch das hie und da rasch aufbrausende Blut fehlte nie, das ihm so manchen Verdruss verursachte. Aber immer treu und wahrhaftig; Freund dem Freund, Feind dem Feind.»

Hinauf aufs Bürgli
und hinunter ins Thalegg

Als Staatsschreiber hatte Gottfried Keller nach Jahrzehnten der Misere über Nacht gut verdient und gratis gewohnt. Mit Rücksicht auf seine Schwester wagte er lange Zeit nicht, auf diese Sicherheit und gesellschaftliche Geborgenheit zu verzichten. Die haushälterische Regula, auf dem Markt und in den Ladengeschäften bei aller Sparsamkeit stets mit respektvoller Zuvorkommenheit bedient, war im Grunde einsam, ältlich und misstrauisch geworden. Den optimistischen Zukunftsberechnungen des Bundesrichters Weber traute sie kaum, von den Dichtungen ihres Bruders hielt sie wenig. Doch Keller wäre nicht der Unentwegte gewesen, wenn nicht eines Tages der Drang nach Freiheit und Künstlerleben sein Recht verlangt hätte. Seit seinem 50. Geburtstag bohrte und reifte der Gedanke in ihm. Nun trennte er sich schrittweise von seinem Amt. Im April 1875 siedelte er nach dem Bürgli in der Enge über. Das spätklassizistische Haus steht heute noch auf einem hohen, von Reben umrankten Hügel. Es befand sich schon damals im Besitz der Weinbauernfamilie Landolt. Bis 1834 stand an dessen Stelle ein grosses Bauernhaus, das wegen seines turmartigen Mittelbaus den ritterlichen Namen erhielt. Gottfried Keller und seine Schwester bewohnten das sechszimmrige zweite Obergeschoss. «In meiner Wohnung lebe ich wie ein König, weiteste Aussicht und Wolken ganze Heerscharen. Das Haus hat grosses Ausgelände, Bäume, Wiesen, Linden, die dicht vor dem Fenster stehen. Wenn ich nur darin zu Hause bleiben könnte den ganzen Tag. Aber ich muss hin und her rennen wie ein Jagdhund, es fehlt nur, dass ich belle unterwegs. Abends aber bleibe ich fast immer zu Haus und schreibe am offenen Fenster, während der weite See im Mondschein schimmert, wenn's nämlich Vollmond ist», schrieb er im Juli 1875 nach Wien. Und einen Monat später: «Hier in Zürich ist jetzt ein hübsches Café auf der „Meisen" (mit dem schönen Barockbalkon); da sitzen wir in den schönen Sälen und trinken! Öfter als nötig! Das heisst, ich bin doch abends meist zu Haus auf meinem Bürglibühel. Aber am Samstag abends oder sonntags da bleib ich in der Stadt, und dann sauf ich für sieben Mann. Ich sag's Ihnen! Dann humple ich, oft lang nach Mitternacht, die dunkle Engestrasse hinaus auf das Bürgli.»

Den langen Brief, in dem er Adolf Exner über seine Arbeit an den «Züricher Novellen» berichtete, schloss er: «Nun ist aber Zeit, ins Bett zu gehen, es schlägt 11 Uhr. Morgen ist wieder Kneiptag, es dürstet mich jetzt schon darnach, und muss schnell Wasser trinken, da nichts anderes da ist.» Die Engemer Nachtwächter hatten sich die Stunde seiner Heimkehr gemerkt und zogen bei Winternächten und glatten Wegen dem alt Staatsschreiber bis an die Stadtgrenze entgegen. Nach Angabe seines häufigen Begleiters Adolf Frey brauchte der kurzbeinig trippelnde Keller «mindestens das Dreifache eines rüstigen Gängers».

Der Umzug nach der Enge war denn auch nicht ohne lauten Protest der Schwester abgegangen. Enge war damals noch wie Hottingen ein recht abgelegenes Dorf. Die Gemeinde kam erst 1893, nach einer kantonalen Abstimmung, zur Stadt. Eine knappe Mehrheit der Engemer Bürger hatte erfolglos gegen diese zwangsweise Vereinigung gestimmt.

Als das Schimpfen der Schwester Regula keine Ende nehmen wollte, meinte Gottfried, sie könne dann «die Feuerlärmkanone, die neben dem Bürgli stehe, bedienen». Der Staatsweibel Vontobel und der Kalligraph Schmid hatten den Kellers beim Zügeln geholfen. Im Juli 1876 trat der Staatsschreiber von seinem Amt zurück. Die sieben Jahre auf dem Bürgli, seinem «hübschen Höhepunkt», wie er es selber nannte, wurden die fetten Jahre seines Schaffens. Hier vollendete er, was er in Berlin und als Staatsschreiber begonnen hatte: die «Züricher Novellen» und das «Sinngedicht»; dem «Grünen

Das «Obere Bürgli» in der Enge, wo Gottfried Keller von 1875 bis 1882 wohnte, bis seiner Schwester das Treppensteigen und ihm der weite Weg in die Stadt zu beschwerlich wurde. Federzeichnung von Burkhard Mangold, 1906.

Heinrich» gab er die bleibende Gestalt; im Spätherbst 1883 erschienen die «Gesammelten Gedichte».

Obwohl Keller nun wieder auf dem Lande wohnte und sich auf seiner von Föhnstürmen umbrausten «Windmühle» sehr behaglich fühlte, schenkte ihm die Bürgergemeinde von Zürich am 28. April 1878 das Bürgerrecht. Im Protokoll des Stadtrats heisst es darüber: «Schon seit einiger Zeit war beabsichtigt, der Bürgergemeinde bei passender Gelegenheit zu beantragen, den Dichter der „Züricher Novellen" Dr. Gottfried Keller durch Erteilung des Bürgerrechtes zu ehren. Dieser Anlass dürfte nun vorhanden sein, da der Gedanke an dem diesjährigen „Sechseläuten" auch von Zünften besprochen und allseitig willkommen geheissen wurde.» Unterzeichnet war die Urkunde vom Stadtpräsidenten Dr. Römer und von

Stadtschreiber Dr. Spyri, dem Gatten der Jugendschriftstellerin. Dass Keller das Bürgerrecht zum 60. Geburtstag geschenkt worden sei, wie da und dort zu lesen ist, stimmt also nicht. Entscheidend war der Dank für seine «Züricher Novellen», die knapp vor Weihnachten 1877 in zwei Bänden erschienen waren. Keller war bisher Bürger von Glattfelden. Bei der Zürcher Bürgerrechtsschenkung war er noch nicht neunundfünfzig. Im Dankbrief an den Stadtrat schrieb er, er habe sich «immer als Angehöriger der Landschaft gefühlt und kein Bedürfnis empfunden, Bürger der Stadt zu sein». Eine typisch Kellersche Aufrichtigkeit, die er gleich im nächsten Satz wieder zurechtbog: «Um so unbefangener erfreue ich mich nun der Aufnahme in den Bürgerverband.»

Bei aller Emsigkeit fühlte sich Keller älter werden. Im Sommer 1878 schrieb er an seinen Freund Petersen: «Ich muss sehen, wie ich mein Heu noch unter Dach bringe, da der „Andere" schon am Rande der Wiese seine Sense wetzt.» Zunehmend von Rheumatismus gequält, bat er den Arzt zu sich: «Kommt das vom Essen, Herr Doktor?» fragte er. «Nein, Herr Staatsschreiber, das kommt vom Flüssigen», lautete die anzügliche Antwort. Da wandte sich der Dichter zur anwesenden Schwester: «Siehst du, Regel, da hast du's mit deinen ewigen Suppen!»

«Es muss einer schon ein schlechter Kerl sein, wenn er sechzig ist und wehrt sich gegen das Sterben», meinte Keller damals zu Adolf Frey. Sein 60. Geburtstag wurde mit einer kleinen, intimen Feier begangen, an der sich Keller trotz zunehmender Hinfälligkeit als der einzige Aufrechte und Trinkfeste zeigte:

«Es war ein heisser Nachmittag, der am 19. Juli 1879 einen engen Kreis von Verehrern in dem schönen kleinen Rokokosälchen der „Meisen" zusammenführte. Wohl hatte es einige Mühe gekostet, den Jubilar zur Stelle zu schaffen. Es gab ein auserlesenes Festessen, u. a. Suppe von Schildkrot à la Kammacher, Rebhühnerpastete à la Strapinsky, Rehkeule à la Zendelwald, Erdbeertörtchen (da die Himbeeren noch nicht reif waren) à la Madame Litumlei. „Der kleine Wald von Gläsern, aus welchem der Champagnerkelch wie eine Pappel emporragte", fehlte auch nicht. Die Flaschenetiketten waren mit Kellerschen Liedstrophen bedruckt. Man hatte ausgemacht, dass jegliches Wortgepränge vermieden werden sollte. Herr alt Regierungsrat Hagenbuch als der älteste der anwesenden Freunde Kellers hielt die bescheidene Ansprache. Dann klingelte der Gefeierte ans Glas und wand in seinem originellen Dankspruch jedem der Reihe nach ein Sträusschen mit und ohne Dornen. Der schwüle Rest des Nachmittags schwand in ungebundener Fröhlichkeit dahin.» Man vereinbarte, sich am Abend nochmals zu treffen, aber Keller war der einzige, der wieder erschien. Adolf Frey weiss dann allerdings noch davon zu berichten, dass der Becherlupf in der «Kronenhalle» weiter floriert habe. «Meister Gottfried warf mit Grobheiten fürstlich um sich.» Der Jubilar, der keinen Hausschlüssel bei sich hatte, sei schliesslich von einigen Freunden gegen elf am Fusse des Bürgli abgeliefert worden. Es regnete in Strömen, und der Aufstieg gelang nicht ohne Zwischenfälle. «Um die Schwester nicht zu stören», so habe Keller selber hinterher berichtet, «schellte ich bei Landolts, den Hauseigentümern im Erdgeschoss. Als die kamen, dachte ich, ich wollte meinen guten Humor nicht verlieren, und sagte: „So, so Jungfer Landolt, sehe ich Sie auch einmal im Unterrock."»

Bei dieser Gelegenheit soll nicht unerwähnt bleiben, dass Frey ausdrücklich erklärte, Keller habe wohl zuweilen die Sicherheit der kurzen Beine und die Contenance verloren, aber nie Verstand und Sinn. So sei auch die schon zu Kellers Lebzeiten gedruckte und von ihm heftig bestrittene Geschichte mit dem Milchmann eine blosse Wanderlegende: Im Morgengrauen habe Keller angeblich den daherkommenden Milchmann nach der Wohnung des Staatsschreibers gefragt und auf die verwunderte Antwort, das sei er ja doch selber, diesen angeherrscht: «Du Rindvieh, das weiss ich; aber wo er wohnt, weiss ich nicht.»

Die Treppen zur hochgelegenen Bürgliwohnung waren der an Herzasthma leidenden Schwester immer beschwerlicher geworden, ihm machte der lange, dunkle Heimweg nach seinen Wirtshauseskapaden zunehmend Verdruss. Auch mit dem «Gangwerk» haperte es. Ende Juli 1881 schrieb er an

Adolf Frey: «Ich habe auf dem Bürgli schon zweimal die Wohnung gekündigt und wieder behalten; jetzt gilt's auf den 1. Oktober, allein ich finde bis jetzt nichts, das mir gefällt, und so bleiben wir vielleicht wieder.» Entschieden hatte er sich im August des folgenden Jahres: «Wir kommen in den Zeltweg zu wohnen.» Ende 1882 schrieb er an die Exnerei, wie er seine Wiener Freunde nannte: «Übrigens wohnen wir nicht in den Escherhäusern, sondern ein paar hundert Schritte weiter hinaus. Die souveräne, meilenweite Rundsicht der früheren Wohnung ist freilich in einem Häuserkomplex untergegangen, und ich muss mich mit der Hoffnung trösten, vor Torschluss noch ein freundlicheres Asyl zu finden. Inzwischen wird gebüffelt, soweit es der infame Strassenlärm erlaubt, der im früher so stillen Zeltweg herrscht. Ich hatte keine Vorstellung davon.»

Der einst ländliche Zeltweg war 1860 als direkte Verbindung zur Stadt erweitert und bald mit einer ganzen Reihe von städtischen Häusern gesäumt worden. Den Vortrab hatte Alfred Eschers Vater nahe bei der Stadtgrenze 1840 mit den Escherhäusern gemacht, einer geschlossenen Flucht von herrschaftlichen Reihenmiethäusern. Beim Umzug ins «Thalegg», Zeltweg 27, hatte sich Keller offenbar von seiner alten Anspruchslosigkeit leiten lassen und teurere, aber konvenablere Wohnungsangebote ausgeschlagen. So wohnte er nun in einer lärmigen Vorstadtstrasse, im 1. Stock direkt über einer Bierwirtschaft, aus der bis weit über Mitternacht hinaus die Gläser klangen und die Stimmen dröhnten: «Unter der Schwelle siedet die Hölle.» – «Eine allerliebste Wohnung oder zwei habe ich wegen einiger lausiger hundert Franken mehr Miete oder sonstiger Phlegmatik verpasst, was mir recht geschah. – Sonst geht es mir nicht übel, ich verdiene, ohne eigentlich viel zu tun, doppelt so viel Barschaft, als ich als Staatsschreiber einnahm.» Nach dem Hottinger Steuerregister von 1887 war Gottfried Keller mit 5000 Franken Einkommen und einem Vermögen von 15 000 Franken ein vergleichsweise wohlhabender Mann, von Arnold Böcklin mit 20 000 Franken Einkommen und über 50 000 Franken Erspartem wurde er aber weit übertroffen.

Der Wohnungswechsel vom Bürgli ins «Thalegg» hatte sich trotz langem Suchen als übereilt und ungeschickt erwiesen. Die Unglückssträhne begann schon mit dem Auszug aus der Enge. Am 21. November 1882 berichtete Keller an Theodor Storm: «Mein Wohnungswechsel verlief widerwärtig und mühevoll. Beim Öffnen einer alten Schachtel fand ich unser ehemaliges Taufhäubchen von rotem Sammt, worin vermutlich die sechs „gehabten" Kinder der Mutter getauft worden sind. Eine dabei liegende dicke seidene Fallmütze in Form einer Kaiserkrone war mir bekannt, und ich wusste, dass ich sie selbst getragen hatte. Nun gut, eine Stunde später purzelte ich von der Bücherleiter mit einem Arm voll Bücher hinunter und schlug den Schädel beinahe zu schanden; man musste mir die Schramme zunähen. Es war Sonntags am 1. Oktober, nachdem ich, wie gesagt, vorher meine Kinderfallmütze in der Hand gehabt von anno 1820 oder 21. In diese Ironie des Schicksals mischte sich noch ein Tropfen Selbstverachtung; denn die Schuld des Sturzes lag in einer meiner Charakterschwächen. Ich war in den Laden eines Schusters gegangen, um ein Paar warme Pantoffeln für den Winter zu kaufen; da er keine passenden von der verlangten Art hatte, liess ich mir mit offenen Augen ein Paar aufschwatzen, das für meinen Fuss 1½ Zoll zu lang war, eben weil ich nie den Mut habe, aus einem Laden wegzugehen, ohne zu kaufen. In diesen Pantoffeln blieb, wenn ich darin stand, vorn vor den Zehen ein leerer Raum, und auf diesen trat ich, als ich, von der Leiter heruntersteigend, die untere Stufe suchte...»

Über seine «Pantoffelschwäche» berichtete er auf Silvester 1882 nach Wien: «Unser Umzug war so beschwerlich und langweilig als möglich und hat mich manche Woche gekostet. Zum Überfluss purzelte ich aus ziemlicher Höhe beim Einpacken von der Bücherleiter herunter und zerschlug mir auf dem Boden den Hinterkopf. Ich hielt mich eine Weile für kaputt, bis ich merkte, dass ich eine solche Betrachtung nicht anstellen würde, wenn es der Fall wäre.»

Im Frühling 1885 übersiedelte Arnold Böcklin von Florenz nach Zürich und nahm in Hottingen Wohnsitz. Er hatte seinem Studienfreund Rudolf Koller, der am Zürichhorn draussen arbeitete, schon vor Jahren versprochen, dereinst in seine Nähe zu kommen, vielmehr war es aber Gottfried Keller, den er kennenlernen wollte und der schon über zwei Jahre am Zeltweg hauste. 1897 erinnerte sich Albert Fleiner: «Wenn wir jener Jahre uns erinnern, da die beiden grossen Schweizer hier wirkten, in gemeinsamen vertraulichen Verkehr Anregungen austauschend, so kommt es mir vor, als ob wir eines goldenen Zeitalters gedächten, des goldenen Zeitalters von Hottingen, das damals so etwas wie ein künstlerisches Mekka geworden war.» Ja, damals habe ein deutscher Kunstkritiker geschrieben, man müsse heute unterscheiden zwischen der Kunst von Hottingen und jener der übrigen Welt.

Conrad Ulrich, der kürzlich die abschliessende Würdigung des erstaunlichen, 1882 gegründeten «Lesezirkels Hottingen» verfasste, schrieb in einem Aufsatz: «An den Escherhäusern finden wir auf einer Gedenktafel Richard Wagners Namen. Unter dem gleichen Dach, aber nicht gleichzeitig, lebte Johanna Spyri. Nicht weit von Kellers „Thalegg" steht das Atelier Böcklins. Namen wie der des Literaten und Kunsthistorikers Johann Gottfried Kinkel, des Architekten Gottfried Semper oder des Altphilologen Hugo Blümner geistern durch das Quartier. August Follen, Dichter und Politiker, hielt Haus im geräumigen „Sonnenbühl". Georg Herwegh und Freiligrath verkehrten da nachbarlich, und 1887 zieht Ricarda Huch in ein Studentenzimmer an der Gemeindestrasse.» Sie alle hat Keller gekannt und mit ihnen freundschaftlich verkehrt. Ricarda Huch, die jüngste von allen, hat ihm eine der einfühlendsten Würdigungen verfasst:

«Kellers Anschauungen sind alle Erwerb aus seinem Leben und stehen deshalb nicht im Widerspruch dazu. Er verdient höchste Bewunderung, wie ernst und ehrlich er die Folgen seines Daseins auf sich nahm, so lastend sie sein mochten, was man in seinen biographischen Dokumenten, im „Grünen Heinrich" und in den Briefen verfolgen kann. Es gehörte zu seiner Art Frömmigkeit, dass er das Böse ebenso willig wie das Gute hinnahm, von vornherein überzeugt, dass es berechtigt sein müsse, und befriedigt, wenn er seinen notwendigen Zusammenhang mit seinem Leben eingesehen hatte.»

Von Feuerbach zur Feuerbestattung

Unter dem Einfluss Ludwig Feuerbachs akzeptierte Gottfried Keller das Schicksal des persönlichen Todes, was für ihn das Leben nur schöner, reicher und intensiver machte. Sein Ziel war der mündige Mensch, und er glaubte an ein «Urmass aller Dinge, das kein vergänglich Auge schaut». Gottfried lebte mit Gott nicht in Unfrieden, er kannte des Menschen Unzulänglichkeit. «Solange es nur logisch zugeht in der Welt, bin ich guten Mutes.» Doch seine Diesseitsfreude, die er aus der Absage an die Unsterblichkeit gewann, war immer von einer leisen Wehmut begleitet. Zu Beginn seines letzten Lebensjahrzehnts schrieb er seinem Freund Petersen: «Mehr oder weniger traurig sind am Ende alle, die über die Brotfrage hinaus noch etwas kennen und sind, aber wer wollte am Ende ohne diese stille Grundtrauer leben, ohne die es keine echte Freude gibt?»

Die Entgötterung des Diesseits hatte mit David Friedrich Strauss begonnen, der die Evangelien für Sagen und Legenden erklärte. Gottfried Keller, der damals zum Schutz der Regierung in die Stadt geeilt war, ging es mehr um den freiheitlichen Staat als um die Religion. Nach einer Diskussion mit dem «ersten deutschen Kommunisten» Wilhelm Weitling, der 1843 beim Schneidermeister Konrad Wuhrmann arbeitete, fürchtete er, Weitlings «Evangelium eines armen Sünders» führe zu einer Entartung des Christentums, zu Libertinage und Völlerei. Doch bald erschienen Schriften, die eine geistige Welt überhaupt negierten, nicht zuletzt das Buch «Kreislauf des Lebens» des Physiologen Professor Jakob Moleschott, den

Keller im Heidelberger Kreis von Hettner und Kapp schätzen gelernt hatte, nicht aber dessen Theorien: Sein Vortrag über Hunger und Durst «verursachte mir trotz meines Elends einen abscheulichen Lachkrampf». Eine rein materialistische Weltanschauung, in der «das Herz nur ein Pumpwerk, der Mensch eine sich selbst heizende Lokomotive und der Geist ein chemischer Vorgang in der Gehirnrinde ist», nahm damals von vielen Besitz.

Was Gottfried Keller in seiner von Dankbarkeit und Daseinsfreude erfüllten Weltgläubigkeit aus dem rigiden Atheismus Feuerbachs machte, zeigt der Gedichtzyklus «Sonnwende und Entsagen»:

> Wir wähnten lange recht zu leben,
> Doch fingen wir es töricht an;
> Die Tage liessen wir entschweben
> Und dachten nicht ans End der Bahn!
>
> Nun haben wir das Blatt gewendet
> Und frisch dem Tod ins Aug geschaut;
> Kein ungewisses Ziel mehr blendet,
> Doch grüner scheint uns Busch und Kraut!
>
> Und wärmer ward's in unsern Herzen,
> Es zeugt's der froh gewordne Mund;
> Doch unsern Liedern, unsern Scherzen
> Liegt auch des Scheidens Ernst zugrund!

Und zwei, drei Seiten vorher:

> Ich hab in kalten Wintertagen,
> In dunkler, hoffnungsarmer Zeit
> Ganz aus dem Sinne dich geschlagen,
> O Trugbild der Unsterblichkeit!
>
> Nun, da der Sommer glüht und glänzet,
> Nun seh ich, dass ich wohlgetan;
> Ich habe neu das Herz umkränzet,
> Im Grabe aber ruht der Wahn.

Ich fahre auf dem klaren Strome,
Er rinnt mir kühlend durch die Hand;
Ich schau hinauf zum blauen Dome –
Und such kein bessres Vaterland.

Nun erst versteh ich, die da blühet,
O Lilie, deinen stillen Gruss,
Ich weiss, wie hell die Flamme glühet,
Dass ich gleich dir vergehen muss!

Wilhelm Baumgartner erklärte einmal, warum diese Gedichte keinen Beifall fanden: «Die Unsterblichkeitsfrage ist unpoetisch!», worauf Keller ebenso kategorisch erwiderte: «Die Unsterblichkeitsfrage ist, abgesehen von meinen Reimereien, so poetisch wie jede andere.» Das Leben nach dem Tode war bis ins 19. Jahrhundert hinein kein Diskussionsgegenstand. Die christliche Religion hatte die Unsterblichkeit, einst das Vorrecht der griechischen Götter, als Fortleben der Seele in ihre Lehre aufgenommen. Erst mit der technischen Machbarkeit des Diesseits, mit den Fortschritten der Naturwissenschaft und dem Aufkommen des Materialismus wurde der Tod als Ende des unwiederbringlichen Lebens für viele zu einem neuen, schrecklichen Problem. Für Gottfried Keller, der das Abendfeld, auf dem er wandelte, so inbrünstig liebte, war das Altwerden gelegentlich bedrückend. Im Februar 1881 hielt er am Feuerbachschen Prinzip zwar grundsätzlich noch fest, aber mit einer feinen Distanzierung: «Der Satz Feuerbachs: Gott ist nichts anderes als der Mensch! besteht noch zu Recht; allein eben deshalb kann man nicht sagen: der Mensch ist Gott! insofern das zweite Substantivum etwas Grösseres ausdrücken soll als das erste.»

Im Wandel des rationalen Denkens über das Irrationale und unter dem Druck der schnell wachsenden Städte kam damals der Gedanke der Feuerbestattung auf. Ihm vorausgegangen war eine verbreitete Furcht vor dem Scheintod. Der Wiener Johann Nestroy, dessen humorvolle Possen Keller vermutlich schon am Zürcher Aktientheater und später in Berlin begeistert hatten, verlangte, dass man ihm beim Ableben

Kopfstudie, 1887 von Karl Stauffer-Bern radiert, der sich im Sommer 1886 in Alfred Eschers Villa Belvoir vorübergehend ein Atelier eingerichtet hatte.

zur Sicherheit den Herzstich gebe, seinen Leichnam drei Tage offen aufbahre und seinem Sarg ein Läutwerk einbaue.

Keller war schon in jungen Jahren auf eine fast amüsante Weise mit der Furcht vor dem Scheintod konfrontiert worden. Der Zürcher Spitalpfleger Leonhard Ziegler «zum Egli», eine stadtbekannte Persönlichkeit, hatte nebst einem hervorragenden Weinkeller eine schreckliche Angst vor dem lebendig Begrabenwerden. Eines Tages, wie Keller später erzählte, bot er dem jungen Dichter hundert Flaschen Tokajer, wenn er ein für die Allgemeinheit nützliches Gedicht über das Thema anfertige. Die Sache war so wenig nach Kellers Sinn wie die einst verlangte Ode auf die Lukmanierbahn; allein der Preis schien ihm verlockend. Er schrieb den Zyklus «Gedanken eines Lebendig-Begrabenen», mit dem er grossen literarischen Erfolg erntete, wobei freilich etwas ganz anderes herauskam, als der um das Wohl seiner Mitbürger besorgte Spitalpfleger bestellt hatte.

Mit dem neuen Verhältnis zum Sterben, das nur noch tote Materie zurückliess, entbrannte in den siebziger Jahren eine heisse Diskussion um die Feuerbestattung. 1872 hatte die lombardische Akademie einen Wettbewerb für das beste System der Kremation ausgeschrieben. Ein Protest des Papstes sorgte ungewollt für Publizität. Gründer des «Leichenverbrennungsvereins für Zürich und Umgebung» war der Versicherungsbuchhalter Johann Jakob Wegmann-Ercolani, ein Bruder des kantonalen Strafanstaltdirektors und mit einer Italienerin verheiratet. Mit seiner Schrift «Über die Leichenverbrennung als rationellste Bestattungsart – dem gesunden Menschenverstand gewidmet» machte er Propaganda für die Kremation und lud auf den 6. März 1874 zu einer orientierenden Versammlung ins damalige «Casino» ein, der vier Tage später eine grosse öffentliche Diskussion in der Kirche St. Peter folgte. Zu den Befürwortern und späteren Vorstandsmitgliedern gehörten der Geologe Albert Heim, der Jurist Eugen Huber und der Kunsthistoriker Gottfried Kinkel, der Keller nahestand. Aktuar des Vereins wurde Jean Nötzli, Gründer und Redaktor des «Nebelspalters».

Eine wackere Mitstreiterin fanden die «Krematoren» in Frau Mathilde Wesendonck, einer gebürtigen Rheinländerin, die etwas gegen die «jüdische Begräbnisweise hatte, welche durch das Christentum im Abendland üblich geworden war». Sie war eine vehemente Vertreterin des alten Deutschtums und weiblicher Mittelpunkt jenes illustren Kreises in der Villa Wesendonck, in der sich Dichter, Musiker, Professoren und Politiker trafen. Dort verkehrten Gottfried Keller, Richard Wagner, Franz Liszt, Jakob Burckhardt, Gottlieb Semper, Friedrich Theodor Vischer und François Wille, der auf seinem Gut Mariafeld bei Meilen so etwas wie einen Konkurrenzzirkel zu den Wesendoncks hielt und C. F. Meyer zu seinen Freunden zählte.

Frau Wesendonck, deren Affäre mit Richard Wagner zu ziemlicher Berühmtheit gelangt war, hatte auf Anraten des Komponisten Gedichte zu schreiben begonnen und dabei gelegentlich Keller zu Rate gezogen. Sein ungeschminktes Urteil über ihr vieraktiges Trauerspiel «Edith oder die Schlacht bei Hastings» brachte die beiden 1870 gänzlich auseinander. Mathilde liess sich nicht entmutigen. Sie versuchte Johannes Brahms für die Vertonung ihres Werkes zu gewinnen. Später schickte sie ihm auch ihr Drama «Gudrun»; aber der Komponist reagierte auf beide Libretti mit höflichem Schweigen. Im Herbst 1874 ging sie aufs Ganze: sie sandte Brahms den Text einer «Kantate über die Feuerbestattung». Die Leichenverbrennung sei jetzt die wichtigste Idee der Menschheit, für welche die Künstler Propaganda machen müssten. Als Kostprobe möge der Mittelteil der jammervollen Dichtung genügen:

Chor-Gesang: Klaget,
Weinet,
Neiget die Palmen
Nieder zum Schrein,
Der die Reste, die teuern,
Birgt, des Verblich'nen!
Kränzet mit Blumen
Den traurigen Pfad.

Wehklagen folgt ihm und herzbrechender Jammer.

Fuge: (Während des Verbrennens.)
Staub warst Du,
Staub bist Du,
Staub musst Du werden!
Symbol ist die Form:
Sie werde zerbrochen!
Der Leib ist nur Hülle
Unsterblichem Inhalt;
Der Tod ist nur Wandel
Unsterblichen Werdens;
Bewusstsein ist Stufe
Urew'ger Entwicklung;
In der Elemente Schoss
Ruht ewig geborgen,

Uranfänglich, unvergänglich
Alles Sein.
Aber der Geist lebe unsterblich
Im Gedächtnis der Guten!

Auch für die Leichenverbrennungs-Kantate konnte sich Brahms nicht erwärmen. Mit Ehrgeiz und zäher Beharrlichkeit verstand es die zarte, hübsche Frau, ihre Freunde immer mehr von sich zu halten. Der Gedanke der Kremierung setzte sich im übrigen auch ohne das Zutun von Frau Wesendonck durch, die Zürich mit ihrem Gatten nach dem «Tonhallekrawall» beleidigt verlassen hatte.

Am 17. August 1873 schrieb der Staatsschreiber Keller in einem Brief: «Heute ist von den Kirchgemeinden zum Grossmünster, zum Fraumünster und zu Predigern die Anlegung eines neuen grossen Gottesackers in der Gegend von Altstetten beschlossen worden, und es soll eine extra Toten-Eisenbahn dahinführen. Auch wird jetzt das Verbrennen der Leichen stark propagiert, und man spricht überall mit Beifall davon, so dass in etwa zehn Jahren wohl alle aufgeklärten Leute sich dieser antiken Bestattung unterziehen werden.»

Der Brief war in einem humorvollen Ton des 18. Jahrhunderts gehalten und spasseshalber mit Doctor Godofredus Keller unterzeichnet. Aber Keller nahm die Sache ernst. Im Herbst 1880 berichtete er seinem schlesischen Freund Wilhelm Petersen von seinem geplanten Umzug, da ihm der Gang vom Bürgli nach der Stadt immer beschwerlicher werde: «Es hat etwas Unbequemes, in diesen Jahren so herumwandern zu müssen, allein das Ganze ist ja doch nur ein Bummel, und am Ende kommt die Ruhe. Ich habe mich dem Leichenverbrennungsverein angeschlossen.»

1877 wurde draussen im Sihlfeld der gar nicht zentral gelegene «Zentralfriedhof» eröffnet und dreizehn Monate vor Kellers Tod das vom Verein erstellte Krematorium eingeweiht. Auch mit der Totenbahn hatte Keller recht gehabt: Die im Herbst 1882 eröffnete Pferdebahn führte von Anfang an eine Tramlinie zum neuen Friedhof hinaus, wo Keller schliesslich seine letzte Ruhestätte fand.

Auf dem Abendfeld

Gottfried Keller hat sich sein Alter nicht leicht gemacht. Für ihn gab es keinen Ruhestand. Fast täglich schrieb er Briefe. Zahlreiche Göttikinder in Zürich und Glattfelden warteten auf Paten- und Weihnachtsgeschenke. An der Türe klingelten aufdringliche Bewunderer und geschwätzige Damen, die den brummligen Schweizer Dichter persönlich gesehen haben wollten. Vereine und wohltätige Gesellschaften verlangten nach literarischen und anderen Beiträgen. «Gottfried, ein Herr möchte dich sprechen», meldete die Schwester oft schon am frühen Morgen. «Eine ernste Stimmung macht sich mausig in mir», schrieb er im Typhusjahr 1884. Im Herbst besuchte ihn Friedrich Nietzsche: «Kellers Gesicht hat etwas Grämliches, Gleichgültiges. Sobald er aber lächelt, blitzen seine Augen voller Schelmereien, und das ganze Gesicht nimmt den Ausdruck einer geistvollen Schalkheit an.»

Keller litt an Rheuma, Vereinsamung und unter der zunehmenden Krankheit seiner Schwester. Schon vor zwei Jahren – damals noch im Bürgli - hatte er nach Wien geschrieben: «Sie hat nämlich gewisse Zerbrechlichkeiten in den Pumpschläuchen, die vom Herzen ausgehen, ist blutärmlich und atmungsnotdürftig, dazu noch am Hals dick und will noch immer alles selber machen.» Als Professor Exner seinen Besuch zum Universitätsjubiläum und zur Zürcher Landesausstellung 1883 angesagt hatte, berichtete ihm Keller: «Meine kränkliche Schwester ist dieser Tage so schwach, dass man nicht sicher ist, wann man sie ins Bett gehen lassen muss. Unter diesen Umständen möchte ich Ihnen vorschlagen, im „Zürcherhof" oder im Hotel Bellevue zu logieren. Ich fürchte, die Sorella Sorrentina wird mir eines Tages abhanden kommen, worauf ich erst sehen werde, wie allein ich stehe.» Er wäre froh, wenn er sie noch ein paar Jahre behalten könnte, äusserte er oft.

Er hatte sie jeden Sonntag spazieren geführt, oder sie hatten gemeinsam eine kleine Dampfschiffahrt unternommen. Fast ein Jahrzehnt lang war sie kränklich, dann ging es zusehends bergab. Nächtelang sass Gottfried helfend und bangend an ihrem Bett. Eines Tages sah ihn Rudolf Kollers Frau mit einer riesigen Tüte aus einer Zuckerbäckerei kommen. «Aha, das bekommt sicher eine schöne Dame!» – «Nein», erwiderte er, «das ist für meine Schwester. Sie kann fast nichts mehr essen, und da habe ich gedacht, ich wollte es mit dem da probieren.» Die traurigen Augen, die er gemacht habe, erzählte Frau Koller, vergesse sie nie mehr.

Am 6. Oktober 1888 starb Regula. Unter kalten Regenschauern begleitete Gottfried sie auf den Friedhof Rehalp zu ihrer «wohlverdienten Ruhe». Kein Pfarrer war da, nur wenige nahe Freunde. Lange stand er am offenen Grab. «Nun, in Gottes Namen», waren seine einzigen Worte, als er einen letzten Blick auf den Sarg warf. «Meine arme Schwester», berichtete er später, «ist fast zwei Jahre lang allmählich gestorben, zuletzt auf schreckliche Weise am desorganisierten Herzen.» Bald zeigte sich auch bei Gottfried eine fortschreitende Gebrechlichkeit. Keine zwei Jahre mehr waren ihm vergönnt.

Doch er war bei allen Anfechtungen des Alterns nicht untätig gewesen. Er hatte den «Grünen Heinrich» gänzlich umgeschrieben. Nun erzählte er seine Entwicklungsgeschichte in der Ich-Form: Heinrich erkennt, dass aus ihm kein Maler wird, aber ein Staatsbeamter, der den Weg in die bürgerliche Tätigkeit findet. Aus dem zypressendunklen Schluss ist ein Bekenntnis zur demokratischen Gesellschaft geworden. Dann machte er das vor einem Vierteljahrhundert versprochene «Sinngedicht» fertig, «das Vollkommenste», was er je schrieb, «seine göttlichste Poetengabe». Grosse Sorgfalt legte er auf die Überarbeitung, Ergänzung und Straffung der «Gesammelten Gedichte». Das «Abendlied» hatte er fast in einem Zug geschrieben:

Augen, meine lieben Fensterlein,
Gebt mir schon so lange holden Schein,
Lasset freundlich Bild um Bild herein:
Einmal werdet ihr verdunkelt sein!

Fallen einst die müden Lider zu,
Löscht ihr aus, dann hat die Seele Ruh';
Tastend streift sie ab die Wanderschuh',
Legt sich auch in ihre finstre Truh'.

Noch zwei Fünklein sieht sie glimmend stehn
Wie zwei Sternlein, innerlich zu sehn,
Bis sie schwanken und dann auch vergehn,
Wie von eines Falters Flügelwehn.

Doch noch wandl' ich auf dem Abendfeld,
Nur dem sinkenden Gestirn gesellt;
Trinkt, o Augen, was die Wimper hält,
Von dem goldnen Überfluss der Welt!

Kellers norddeutscher Brieffreund Theodor Storm, den er nie persönlich kennengelernt hatte, bezeichnete das Gedicht als «reinstes Gold der Lyrik». Das war im Herbst 1879, wenige Wochen nachdem Keller dem berühmten Kollegen in Husum einen ermahnend-humorigen Brief schreiben musste: «Sie haben schon einige Male Ihre Briefe mit Zehn-Pfennig-Marken frankiert, während es nach ausserhalb des Reiches zwanzig sein müssten. Nun habe ich eine Schwester und säuerliche alte Jungfer bei mir, die jedesmal, wenn sie das Strafporto in das Körbchen legt, das sie dem Briefträger an einer Schnur hinunterlässt, das Zetergeschrei erhebt: „Da hat wieder einer nicht genug frankiert!"

Der Briefträger, dem das Spass macht, zetert unten im Garten ebenfalls schon von weitem: „Jungfer Keller, es hat wieder einer nicht frankiert." Dann wälzt sich der Spektakel in mein Zimmer. „Wer ist denn das wieder?" Und die Schwester schreit fort: „Den nächsten Brief dieser Art wird man sicherlich nicht mehr annehmen!" – „Du wirst nicht des Teufels sein!" schreie ich entgegen...»

Kellers letztes Werk war der «Martin Salander», ein ermahnender Zeitroman, veranlasst durch die 1882 aufgedeckten riesigen Unterschlagungen des Zürcher Bezirksstatthalters Hafner, des Thalwiler Notars Koller und weiterer Notare in Dielsdorf, Turbenthal und Wald. Es handelte sich zum Teil um die Gelder kleiner Leute und um astronomische Beträge, die an der Zürcher Börse verspekuliert worden waren. Keller ging es um die «Erschütterung des Vertrauens und die Unsicherheit des sittlichen Gefühls». Als der Roman 1886 erschien, gefiel er ihm nicht: «Es ist nicht schön. Es ist nicht schön. Es ist zuwenig Poesie drin.»

«Wohin wir fahren...»

Zu seinem siebzigsten Geburtstag zog er sich ins Hotel Sonnenberg in Seelisberg zurück. Conrad Ferdinand Meyer schrieb ihm «aus dankbarem Herzen» in einem Glückwunschbrief, dass er ihn stets verehrt und lieb gehabt habe. «Da Sie die Erde lieben, wird die Erde Sie auch so lange als möglich festhalten.»

Goldene Medaille zu Kellers 70. Geburtstag, entworfen von Arnold Böcklin, ausgeführt von Anton Scharff in Wien.

Geschenke, Briefe, Zeitungen, Telegramme, Blumengebinde, Pokale und Lorbeerkränze kamen an. Kaum vermochten Post und Telegraf von Seelisberg die ungewohnte Arbeit zu bewältigen. Hundert namhafte Berliner Verehrer, darunter General von Moltke, schickten ihm ein Aquarell von seiner letzten Wohnung im Bauhof. Keller murmelte, seine Rührung durch leise Ironie verdeckend: «Gerade, wie wenn ich ein vornehmer Herr wäre.» Schliesslich erschien der eidgenössische Kanzler mit einem von J. V. Widmann verfassten Glückwunsch- und Dankesschreiben des Bundesrates. Als es feierlich verlesen werden sollte, winkte Keller ab. Er hatte den Huldigungstext schon im Morgenblatt der NZZ gelesen. Am Abend meinte er bei einem stillen Freundesmahl zu Böcklin, es sei schade, dass Regeli das nicht mehr erlebt habe. Als Andenken hatte er ihr Bankbüchlein mitgenommen. «Du gutes Regeli», sagte er mit feuchten Augen, «wie hast du für mich gespart! Es wäre besser gewesen, du hättest es für dich gebraucht.»

Ein paar seiner Freunde hatten auf den Geburtstag eine Überraschung vorbereitet: eine von Böcklin entworfene goldenen Medaille mit Kellers Kopf, die in Wien gegossen werden sollte. Aber der vorzügliche Medailleur Scharff kam damit nicht zurecht, vor allem der Bart machte ihm Schwierigkeiten. Da schrieb ihm Böcklin, er müsse sich für die rechte Struktur nur eine geschnittene Taxushecke suchen.

Am 13. September 1889 wurde Keller die verspätete Geburtstagsüberraschung überreicht. Lange heftete er wortlos die ernsten Augen darauf, dann brachen die Tränen hervor, und er seufzte: «Das ist der Anfang vom Ende.»

Die Ehrung freute ihn mehr als alle übrigen. Als er zwei Tage darauf nach Baden zur Rheumakur reiste, nahm er die Medaille mit, und er soll zuweilen nachts aufgestanden sein, um sich zu vergewissern, dass sie noch da sei.

Nach der Rückkehr im November hat er seine Wohnung kaum mehr verlassen. Ein greisenhaftes Siechtum begann. Am 11. Januar 1890 machte er sein Testament in Gegenwart Böcklins und eines Juristen, der sich damals mit Keller um die Staatsschreiberstelle beworben hatte. Haupterbe sollte der Hochschulfonds des Kantons Zürich werden. Bücher und

Ehrengeschenke fielen der Stadtbibliothek zu, eine bedeutende Geldstiftung ging an den Winkelriedfonds für Wehrmänner und ihre Hinterbliebenen, «da ich zu meiner Zeit nie Gelegenheit hatte, meinem Vaterland gegenüber meine Pflichten als Soldat abzutragen». Am 4. Februar schrieb er in einem letzten, zittrigen Brief: «Ich werde nicht mehr lange vermeiden können, von einem bestellten Fuhrwerk Gebrauch zu machen.»

Wenn Keller das Bett verliess, musste er sich der Wand entlang tasten. Wochenlang lag er in leichtem Schlummer auf seinem Lager, an dessen Rand bald der oder jener seiner Lebensbegleiter sassen: C. F. Meyer, Wilhelm Petersen, der Keller mit Storm zusammengebracht hatte, Rudolf Koller, Adolf Frey, Hans Weber, am meisten aber der gute Böcklin, der um alles besorgt war und Freunde herbeirief, von denen er wusste, dass sie den Dichter noch sehen wollten. Beim Kranken wechselten Scherz, heiteres Gespräch und Traumphantasien mit Stunden stummen Daliegens. Er hörte einem Gebet zu, erinnerte sich einer heiteren Episode aus der Bibel. «Man hat sie uns in der Jugend verleidet, und doch stehen so schöne Sachen darin.» Zu C. F. Meyer sprach er von einem zweiten, schöneren Teil des «Salander» und meinte dann «ich dulde, ich schulde...»

Vier Tage vor seinem einundsiebzigsten Geburtstag, am 15. Juli 1890, nachmittags gegen vier Uhr, starb er.

Die Bestattungsfeier wurde von der Stadt auf den 18. Juli angesetzt. Hinter dem mit Kränzen überhäuften Tannensarg – so war es Vorschrift des Krematoriums – gingen Vertreter des Bundesrats, des Stadtrats und die gesamte Zürcher Regierung, Abordnungen der beiden Hochschulen, der Zünfte und sämtlicher grösserer Vereine, Vertreter der Studenten aller Universitäten mit umflorten Fahnen und nicht zuletzt sein einstiger Weibel und der Göttibub Gottfried, der Kellers silberne Sackuhr erbte. Am Trauerweg zum Fraumünster stand entblössten Hauptes eine lautlose Menge. Die Abdankung wurde durch Beethovens «Eroica» eingeleitet, der Geistliche sprach das Gebet, Professor Julius Stiefel die Weiherede, dann brauste «O mein Heimatland» durch die weite gotische Kirche.

«Nun ging der grüne Heinrich auch den Weg hinaus. In langen Scharen zog man durch den düsteren, regnerischen Abend dem Zentralfriedhof zu, wo Stadtpräsident Hans Pestalozzi dem Toten den letzten Gruss des Vaterlandes entbot, und die lodernde Flamme verzehrte des Dichters Herz, das einst keck und sicher seine Welt regierte.»

Wenige Tage vor Kellers Tod hatte die Freimaurerloge den Verein zur Verbreitung guter Schriften gegründet, dessen erstes Heft «Das Fähnlein der sieben Aufrechten» wurde. In des Dichters Nachlass fand sich der Entwurf zu einem Gedicht, in dem so viel verborgen ist, was es an Grossem, Schönem, Verhaltenem und Zeitlosem bei Gottfried Keller immer wieder zu entdecken gibt:

«Heerwagen, mächtig Sternbild der Germanen, das du fährst mit stetig stillem Zuge über den Himmel vor meinen Augen deine herrliche Bahn, von Osten aufgestiegen alle Nacht! O fahre hin und kehre täglich wieder! Sieh meinen Gleichmut und mein treues Auge, das dir folgt so lange Jahre! Und bin ich müde, o so nimm die Seele, die so leicht an Wert, doch auch an üblem Willen, nimm sie auf und lass sie mit dir reisen, schuldlos wie ein Kind, das deine Strahlendeichsel nicht beschwert – hinüber! – Ich spähe weit, wohin wir fahren.»

Gottfried Kellers Sterbehaus am Zeltweg, über dessen Eingang die Zunft Hottingen 1898 eine Gedenktafel anbringen liess.

Wichtigste Quellen

Ackerknecht, Emil: Gottfried Keller – Geschichte eines Lebens. Insel-Verlag, 1948.
Alt-Wiener Kalender, 1926
Baechtold, Jakob: Gottfried Kellers Leben. Berlin 1897.
Breitenbruch, Bernd: Gottfried Keller. Rowohlt, Hamburg 1986.
Drygalski, von, Irma: Im Schatten des Heiligen Berges. Heidelberg 1927.
Erismann, Hans: Johannes Brahms in Zürich. Zürich 1974.
Ermatinger, Ernst: Gottfried Kellers Leben. Artemis, Zürich 1950.
Faesi, Robert: Gottfried Keller. Atlantis-Verlag, Zürich 1942.
Fleiner, Albert: Mit Arnold Böcklin. Frauenfeld 1915.
Frey, Adolf: Arnold Böcklin. Berlin 1912.
Frey, Adolf: Erinnerungen an Gottfried Keller. Leipzig 1919.
Frisch, Hans: Aus Gottfried Kellers glücklicher Zeit. Wien 1927.
Guggenheim, Kurt: Das Ende von Seldwyla. Zürich 1965.
Huch, Ricarda: Gottfried Keller. Insel-Bücherei Nr. 131.
Korrodi, Eduard: Gottfried Kellers Lebensraum. Zürich 1930.
Köster, Albert: Gottfried Keller – Sieben Vorlesungen. Leipzig 1900.
Locher, Friedrich: Republikanische Wandelbilder. Zürich 1901.
Maync, Harry: Gottfried Keller – Sein Leben und seine Werke. Leipzig 1923.
Rilla, Max: Über Gottfried Keller. Berlin 1943. Zürich 1978.
Rychner, Max: Gottfried Keller. Zürich 1960.
Schumacher, Hans: Die grünen Pfade der Erinnerung. Kilchberg 1978.
Schumacher, Hans: Über Gottfried Keller. Zürich 1960.
Staub, Werner: Christina Luise Scheidegger. Jahrbuch des Oberaargaus 1982.
Steiner, Gustav: Gottfried Keller. Sechs Vorträge. Basel 1918.
Vögtlin, Adolf: Gottfried Keller – Anekdoten. Berlin 1914.
Zäch, Albert: Erinnerungen an Gottfried Keller. Kilchberg 1970.

Grundlage dieser Arbeit waren die Werke und Briefe des Dichters in verschiedenen Ausgaben. Dazu kamen Zeitungsberichte. Originalakten, Ratsprotokolle, Einwohnerverzeichnisse usw. aus dem Zürcher Stadtarchiv. Zahlreiche Hinweise und Auskünfte verdanke ich persönlichen Gesprächen und telefonischen Auskünften von Amtsstellen in der Schweiz und Deutschland.

Die meisten Bildunterlagen stammen aus der Zentralbibliothek Zürich.

W. B.

Register

Ammann, Kleophea, Patin 10
Armenschule 17, 19
Assing, Ludmilla 56, 57, 74, 81, 96–98
Auerbach, Berthold 67, 68
Baechtold, Jakob, Biograph 13, 23, 37, 76, 107
Baden 132
Bassersdorf 21
Baumgartner, Wilhelm 41, 48, 49, 132
Berlin 14, 53–68, 71
Böcklin, Arnold 39, 87, 118–120, 132
Bollier, Rudolf 45
Brahms, Johannes 126, 127
Burckhardt, Jakob 125
Bürgerrecht, Zürcher 114, 115
Bürgli 113–119
Dilthey, Karl 87
Dresden 68
Dubs, Jakob 45, 61, 70
Duncker, Franz 58, 68, 88
Duncker, Lina 58, 59, 88, 89
Düno, Johann 11–13
Enge 113, 114
Escher, Alfred 45, 52, 61, 72, 118
Esslinger, Johann Martin 26, 27
Exner, Adolf 14, 82, 114, 128
Exner, Marie 82, 86, 95
Feuerbach, Ludwig 49, 62, 92, 121, 123
Fleiner, Albert 108, 120
Fick, Fritz 103
Follen, Adolf 41, 44, 45, 98, 120
Frauenfeld 70
Freiligrath, Ferdinand 41, 49, 66, 90, 120

Freimaurer 18, 134
Freischarenzüge 44
Frey, Adolf, Biograph 77, 84, 87, 96, 109, 116, 117, 133
Fröbel, Julius 41, 46
Geburtstage:
achtzehnter 28
neunzehnter 29
vierzigster 72
fünfzigster 80
sechzigster 116
siebzigster 131, 132
Gessner, Salomon 27, 28
Glattfelden 10, 14, 17, 24, 29, 31, 116
Goethe, J. W. 11, 27, 48, 54, 62
Gusserow, Adolf 111
Hagenbuch, Franz 73, 75, 117
Hebbel, Friedrich 46, 47
Hegi, Salomon 35, 37
Heidelberg 14, 46–52, 92–94
Henle, Jakob 47, 48
Herwegh, Georg 41, 44, 74, 90, 120
Hettner, Hermann 48, 50, 63, 64, 66, 68
Heusser, Christian 61
Herzogenbuchsee 97
Heyse, Paul 110
Hottingen 71, 88, 90, 118–120
Huch, Ricarda 86, 120
Industrieschule 21, 22
Kapp, Johanna 48, 50–52, 92–94
Keller (-Scheuchzer), Elisabeth, Mutter 9–12, 19, 20, 23, 59, 62, 68, 70, 73, 76
Keller, Henriette 19, 29, 30
Keller, Regula, Schwester 16, 63, 66, 73, 112, 114, 117, 128–129
Keller, Rudolf, Vater 9, 10–13, 17, 23
Kinkel, Gottfried 120, 125
Kirchgasse 73, 76, 111
Koller, Rudolf 119, 129, 133
Kölner Kunstverein 71
Körner, Hans Jakob 103
Körner, Johann Jakob 103

Körpergestalt 101, 114
Landknabeninstitut 19
Landolt, Salomon 10, 11
Lasalle, Ferdinand 57, 75
Lessing, G. E. 28
Liszt, Franz 28
Locher, Friedrich 22
Meiss, Gottfried von, Pate 9, 10, 18, 22
Meisterhans, Hans Kaspar 17, 19, 22
Melos, Marie 90, 96
Meyer, Conrad Ferdinand 87, 96, 125, 131, 133
Mozart, W. A. 14, 27, 28
Moleschott, Jakob 121
München 32–39
Neumarkt 14
Nebelspalter 123
Nestroy, Johann 123
Nietzsche, Friedrich 128
Nötzli, Jean 125
Pestalozzi, Hans 134
Pestalozzi, Johann Heinrich 72
Petersen, Wilhelm 116, 121, 133
Polytechnikum 71
Predigerkirche 20, 27, 28
Restaurants:
  Bellerive 83, 128
  Bollerei 102, 105
  Café littéraire 99
  Gambrinus 102, 107
  Häfelei 104
  Meise 102, 107, 111, 116
  Muggenbühl 37
  Oepfelchammer 101–104
  Pfauen 12
  Saffran 102, 107, 110
  Weisshaar 102
  Zürcherhof 102, 111, 128
Richterswil 29
Rieter, Luise 45, 89–92
Rindermarkt 14, 16, 19, 20, 40, 61, 71, 103
Rodenberg, Julius 58

Scheidegger, Luise 96–98
Scheuchzer, Heinrich, Onkel 24, 27
Schiess, Johann Ulrich 69
Schikaneder, Emanuel 13
Schmid, Rudolf 77, 78, 114
Seelisberg 131
Semper, Gottfried 105, 106, 120, 125
Shakespeare, W. 28, 58
Spörri, Johann Bernhard 16
Staatskanzlei 69–85
Stauffer-Bern, Karl 104, 124
Steiger, Peter 27
Stiefel, Julius 81, 103, 133
Storm, Theodor 119, 130
Strassburg 46, 111
Strauss, David Friedrich 31, 121
Sulzer, Eduard 45
Tendering, Betty 58, 66, 88, 89
Testament 132, 133
Theater 13, 14, 28, 48, 53, 61, 63, 123
Unholz, Kaspar 17
Varnhagen von Ense, K. A. 56–58
Vieweg, Eduard 47, 54, 60, 63, 64, 66, 68
Vischer, Friedrich Theodor 125
Vogel, Ludwig 28
Vontobel, Gottfried 82, 133
Vontobel, Gottlieb 82, 133
Wagner, Richard 72, 75, 120, 125
Weber, Hans 111, 112
Wegmann-Ercolani, Jakob 125
Wegmann, Karl Gottlieb 97, 98
Weitling, Wilhelm 121
Wesendonck, Mathilde 72, 75, 125–127
Wien 11, 12, 131
Wild, Hans Heinrich, Stiefvater 18
Winter, Anton 45, 47, 56
Wille, François 125
Zeltweg 118–120
Zentralfriedhof 127, 134
Ziegler «zum Egli», Leonhard 124

Prosawerke:
Fähnlein der sieben Aufrechten   44, 80
Frau Regel Amrain und ihr Jüngster   18, 44, 45, 66, 80
Grüner Heinrich   16, 20, 23, 30, 48, 54, 62–64, 71, 80, 129
Landvogt von Greifensee   99
Leute von Seldwyla   66–68, 71, 72
Martin Salander   131, 133
Missbrauchte Liebesbriefe   59
Pankraz der Schmoller   66
Sinngedicht   68, 129
Spiegel das Kätzchen   66
Therese   14, 53
Züricher Novellen   18, 114, 115

Gedichte:
Abendlied   124
Alte Weisen   99, 100
Gesammelte Gedichte   115
Lebendig begraben   124
Neuere Gedichte   6
O mein Heimatland   41, 80, 133
Sonnwende und Entsagen   122, 123